FICHA CATALOGRÁFICA

(Preparada na Editora)

Baduy Filho, Antônio, 1943-

B129v   Vivendo a Doutrina Espírita - vol. II / Antônio Baduy Filho, Espírito André Luiz. Araras, SP, 1ª edição, 2015.

320 p.:

ISBN 978-85-7341-654-1

1. Espiritismo. 2. Psicografia - Mensagens I. André Luiz. II. Título.

CDD -133.9
-133.91

Índices para catálogo sistemático:

1. Espiritismo 133.9
2. Psicografia: Mensagens: Espiritismo 133.91

Vivendo a DOUTRINA ESPÍRITA

volume *dois*

ISBN 978-85-7341-654-1
1ª edição - abril/2015

Copyright © 2015,
Instituto de Difusão Espírita - IDE

Conselho Editorial:
*Hércio Marcos Cintra Arantes
Doralice Scanavini Volk
Wilson Frungilo Júnior*

Projeto Editorial:
Jairo Lorenzeti

Revisão de texto:
Mariana Frungilo

Capa:
César França de Oliveira

Diagramação:
Maria Isabel Estéfano Rissi

INSTITUTO DE DIFUSÃO ESPÍRITA - IDE
Av. Otto Barreto, 1067 - Cx. Postal 110
CEP 13600-970 - Araras/SP - Brasil
Fone (19) 3543-2400
CNPJ 44.220.101/0001-43
Inscrição Estadual 182.010.405.118
www.ideeditora.com.br
editorial@ideeditora.com.br

Todos os direitos reservados. Nenhuma parte desta publicação pode ser reproduzida, armazenada ou transmitida, total ou parcialmente, por quaisquer métodos ou processos, sem autorização do detentor do copyright.

Antônio Baduy Filho

Vivendo a DOUTRINA ESPÍRITA

volume dois

Comentários ao
"O Livro dos
Espíritos"

pelo Espírito
André Luiz

ide

SUMÁRIO
volume dois

MUNDO ESPÍRITA OU DOS ESPÍRITOS

III - *Retorno da vida corpórea à vida espiritual*

147 - Violência 14
148 - É muito importante 16

IV - *Pluralidade das existências*

149 - Reencarnação 19
150 - Maratona 21
151 - Pelo menos 23
152 - Mundo interior 25
153 - A serviço do bem 27
154 - De acordo 29
155 - É mais importante 31
156 - Infantilidade 33
157 - Renovação 35
158 - Sem disfarce 37
159 - Infância espiritual 39
160 - Depende 41
161 - Evolução 43
162 - Não transfira 45
163 - Espírito e corpo 47
164 - Tamanho 49
165 - Criança 51
166 - Tanto faz 53
167 - Herança moral 55
168 - Parentesco 57
169 - Antepassados 59
170 - Primeira escola 61
171 - Filho problemático 63
172 - Aversão e simpatia 65
173 - Povo 67

174 - Caráter moral 69
175 - Saga 71
176 - Ideias inatas 73
177 - Tratamento 75
178 - Endereço 77

V - *Considerações sobre a pluralidade das existências*

179 - Ainda 80

VI - *Vida espírita*

180 - Outro teste 83
181 - Medida 85
182 - Colheita 87
183 - Paixões 89
184 - Prova 91
185 - O que garante 93
186 - Você pode 95
187 - Mundo infeliz 97
188 - Serviços temporários 99
189 - Utilidade 101
190 - Percepção 103
191 - Quem sabe 105
192 - Garantia certa 107
193 - É possível 109
194 - Presença de Deus 111
195 - Visão do bem 113
196 - Ver e ouvir 115
197 - Pergunta 117
198 - Não deixe 119
199 - Prevenção 121
200 - Cuidado 123
201 - Foi você 125
202 - Liberdade de escolha 127
203 - Convicção 129
204 - Algo mais 131
205 - Não reclame 133
206 - Não desista 135
207 - Tenha certeza 137
208 - Contraponto 139
209 - Riscos 141
210 - Não importa 143
211 - Ambiente 145
212 - Autoridade moral 147

213 - Supremacia 149
214 - Desde agora 151
215 - O melhor a fazer 153
216 - Mais força 155
217 - Convivência espiritual 157
218 - Sem embaraço 159
219 - Desde já 161
220 - Afeições duradouras 163
221 - Metades eternas 165
222 - Uniões definitivas 167
223 - Simpatia 169
224 - Lembranças 171
225 - No mais além 173
226 - Felicidade autêntica 175
227 - Instrumento do bem 177
228 - Compromisso 179
229 - Importância 181
230 - Enterro moral 183

VII - Retorno à vida corporal

231 - Processos 186
232 - Seu corpo 188
233 - Risco maior 190
234 - Amigo 192
235 - Não recue 194
236 - Valorize 196
237 - Faculdades 198
238 - Renascer 200
239 - Aborto 202
240 - Instrumento 204
241 - Utensílio 206
242 - Ferramentas 208
243 - Deficiência 210
244 - Desequilíbrio 212
245 - Reações infantis 214
246 - Infância 216
247 - Com simpatia 218
248 - Antipatia 220
249 - Lembrança do passado 222
250 - Advertência 224
251 - Imaginação 226
252 - Tendências 228

VIII - Emancipação da alma

253 - Não espere 231

254 - Sonhos 233
255 - Sonho pessoal 235
256 - Sonho e realidade 237
257 - Encontros espirituais 239
258 - Ondas mentais 241
259 - Morte aparente 243
260 - Sonâmbulo 245
261 - Realidade do bem 247
262 - Enxergue 249
263 - Fidelidade 251

IX - Intervenção dos Espíritos no mundo corporal

264 - O importante 254
265 - Influência invisível 256
266 - Você escolhe 258
267 - Clima do bem 260
268 - Diga não 262
269 - Defesa 264
270 - Obsessão 266
271 - Mediunidade 268
272 - Afinidade espiritual 270
273 - Espírito protetor 272
274 - Conduta certa 274
275 - Livre-arbítrio 276
276 - Espíritos familiares 278
277 - Espíritos simpáticos 280
278 - Ajuda espiritual 282
279 - Pressentimentos 284
280 - Sintonia 286
281 - Perseguição espiritual 288
282 - Solução possível 290
283 - Riqueza material 292
284 - Insucesso 294
285 - Gratidão 296
286 - Natureza. 298
287 - Equilíbrio da vida 300
288 - Conflitos diários 302
289 - Influência sutil 304
290 - Silêncio 306
291 - Despertar 308
292 - Pactos 310
293 - Favores materiais 312
294 - Deus não permite 314

COLEÇÃO ▶ VIVENDO A DOUTRINA ESPÍRITA

Volumes Um, Dois, Três e Quatro | Espírito ANDRÉ LUIZ

Esta é mais uma coleção do Espírito André Luiz, através da mediunidade de Antônio Baduy Filho, desta feita, acompanhando as questões de "O Livro dos Espíritos", de Allan Kardec.

Trata-se de quatro preciosos volumes que, obedecendo a sequência e a mesma ordem dos capítulos e das questões da referida obra, oferecem-nos profundas orientações, em busca da paz e da elevação espiritual.

www.ideeditora.com.br

Mundo Espírita ou dos Espíritos

Capítulo III

Retorno da vida corpórea à vida espiritual

147
VIOLÊNCIA

Questões 161 e 162

Evite a violência em sua vida diária.

༄

Não ataque.
Entenda o outro.

Não discuta.
Fale com sensatez.

Não grite.
Converse com calma.

Não brigue.
Mantenha a paz.

Não humilhe.
Respeite o próximo.

Não esmurre.
Contenha o impulso.

Não ofenda.
Conserve a educação.

Não provoque.
Aja com fraternidade.

Não instigue.
Fique sereno.

Não agrida.
Vença a si mesmo.

ૐ

As ações violentas, no curso da existência, dificultam a separação da alma e do corpo, na ocasião da morte, pois, agindo assim, você se afasta da sutileza dos sentimentos elevados e se agarra com força à brutalidade da matéria.

148
É MUITO IMPORTANTE

Questões 163 a 165

Conheça o Espiritismo e viva melhor.

※

Fortaleça a fé raciocinada.
E use a sensatez e a razão.

Pesquise a mediunidade.
E elimine o sobrenatural.

Reconheça o além-túmulo.
E aprimore-se para ele.

Estude as vidas sucessivas.
E compreenda a evolução.

Pense nas dívidas passadas.
E interprete o sofrimento.

Renuncie à coroa de orgulho.
E respeite a presença alheia.

Destrua a praga do egoísmo.
E cultive a solidariedade.

Fuja do tufão da violência.
E encontre a brisa da paz.

Evite a escuridão do mal.
E procure a luz do bem.

Creia que o Espírito existe.
E saiba que é o seu futuro.

ঌ

É muito importante o conhecimento espírita como preparo para a vida futura, pois quanto menos você perturba as leis divinas durante a vivência física, menor é sua perturbação após a morte do corpo.

Mundo Espírita ou dos Espíritos

Capítulo IV

Pluralidade das existências

149
Reencarnação

Questões 166 e 167

Os acontecimentos da reencarnação são sintomas das pendências de outras vidas.

෴

Conflito íntimo.
É o resquício de abuso emocional.

Convivência difícil.
É a presença de antigo adversário.

Mal-estar na família.
É o retorno do desafeto de ontem.

Antipatia gratuita.
É o reencontro com o inimigo.

Impulso inconveniente.
É a volta da atitude indesejável.

Paixão repentina.
É a repetição de erro pretérito.

Defeito incapacitante.
É o reflexo do ato impensado.

Inibição.
É a barreira ao instinto perigoso.

Enfermidade grave.
É a resposta ao desequilíbrio interior.

Vida atribulada.
É o acerto de contas com o passado.

ða

Entre uma e outra existência corpórea, o Espírito ganha conhecimentos e se prepara para testar as novas conquistas. O mundo espiritual é a escola. A reencarnação, o teste.

150
MARATONA

Questões 168 a 170

Como nos jogos esportivos, aproveite a reencarnação para sucessivas competições contra a inferioridade.

ɞ

Pule o obstáculo do orgulho.
E da intolerância.

Alcance a vitória do amor.
E da humildade.

Supere a barreira da mágoa.
E do egoísmo.

Atinja a harmonia do perdão.
E da caridade.

Salte a distância da cólera.
E do ódio.

Vença com o mérito da calma.
E da indulgência.

Contorne a barra da insensatez.
E da futilidade.

Conquiste a paz do equilíbrio.
E do bom senso.

Arremesse o disco da mentira.
E do mal.

Chegue à vitória com a verdade.
E com o bem.

ತಿ&

Não perca tempo na trajetória evolutiva, pois na maratona da perfeição chega primeiro aquele que anda depressa.

151
PELO MENOS

Questão 171

Não deixe para encarnações futuras o que você pode, pelo menos, começar a resolver nos dias de hoje.

ஐ

Estude o que puder.
E aproveite.

Aprenda o bastante.
E aplique.

Perdoe o agressor.
E descanse.

Entenda a família.
E tolere.

Seja companheiro.
E ajude.

Elimine a mágoa.
E prossiga.

Largue a preguiça.
E trabalhe.

Repare a avareza.
E combata.

Perceba o orgulho.
E lute.

Observe o egoísmo.
E se liberte.

ೀ

Claro que a Misericórdia Divina lhe permite a reencarnação, com a possibilidade de outras vidas, para corrigir erros de outrora e adiantar a evolução, rumo ao futuro. Contudo, não esqueça que a existência atual é a oportunidade que você tem agora.

152
Mundo interior

Questões 172 a 179

Impeça os desastres no território que existe dentro de você.

❧

Previna o terremoto.
Da agressão.

Cerque a enchente.
Da vaidade.

Desvie a tempestade.
Da aflição.

Afaste a ventania.
Do ódio.

Abandone o abismo.
Do orgulho.

Evite a calamidade.
Da avareza.

Repila a catástrofe.
Do egoísmo.

Contenha o furacão.
Da cólera.

Elimine o pântano.
Da mágoa.

Combata a escuridão.
Da ignorância.

ই♣

Deus criou os diferentes mundos para cada etapa da evolução, mas seu mundo interior, em qualquer época, é criação sua.

153
A SERVIÇO DO BEM

Questão 180

A inteligência realiza o que você decide.

ஓ

Energia nuclear.
Ou bomba atômica.

Remédio salvador.
Ou veneno letal.

Navio de salvamento.
Ou barco de guerra.

Estação espacial.
Ou satélite espião.

Livro instrutivo.
Ou carta anônima.

Aeronave de socorro.
Ou avião de ataque.

Música de elevação.
Ou ritmo alucinante.

Instituição nobre.
Ou bando criminoso.

Aparelho médico.
Ou arma destrutiva.

Proteção à Natureza.
Ou criação de poluentes.

ଏ⁂

Qualquer que seja o mundo em que você viva, coloque sempre sua inteligência a serviço do bem.

154

DE ACORDO

Questão 181

Você usa a vestimenta certa, de acordo com a época e o lugar em que se encontra.

ès

Na praia.
A roupa de banho.

Na oficina.
O macacão adequado.

No templo.
O vestuário discreto.

Na festa.
O costume apurado.

Na sauna.
A toalha simples.

No quarto.
O traje de dormir.

Na chuva.
A capa impermeável.

No esporte.
O uniforme simbólico.

No frio.
O agasalho pesado.

No calor.
O tecido leve.

ૐ

O Espírito também veste o envoltório físico, de acordo com o estágio evolutivo e o globo que o acolhe. O corpo não é o mesmo nos diversos mundos, da mesma forma que, aqui mesmo, você observa não serem iguais os organismos que vivem em meios diferentes.

155
É MAIS IMPORTANTE

Questão 182

Dê a solução conveniente a cada situação em que você se encontre.

૭૯

Talento?
É oportunidade.

Doença?
É paciência.

Raiva?
É mudança.

Orgulho?
É combate.

Mágoa?
É perdão.

Ofensa?
É esquecimento.

Preguiça?
É trabalho.

Egoísmo?
É libertação.

Intolerância?
É calma.

Indecisão?
É bom senso.

Revolta?
É paz.

Aflição?
É esperança.

ૐ

Não há dúvida de que seria importante saber exatamente o estado físico e moral dos diferentes mundos. Contudo, nas atuais circunstâncias de evolução, é mais importante ainda você conhecer melhor as condições de seu mundo interior.

156
INFANTILIDADE

Questão 183

Acelere sua evolução espiritual, eliminando as manifestações de infantilidade.

ও

Pirraça?
Desista.

Capricho?
Não tenha.

Exigência?
Abandone.

Mau humor?
Não insista.

Fantasia?
Acorde.

Egoísmo?
Não cultive.

Insegurança?
Cresça na fé.

Briga?
Não ajuda.

Vida folgada?
Mude.

Teimosia?
Não prossiga.

৺

Amadureça ideias e sentimentos no convívio com as leis divinas, a fim de que você não aja de modo infantil, quando a vida lhe pede que proceda de maneira adulta.

157
RENOVAÇÃO

Questões 184 e 185

Se você não está no mundo mais feliz, renove-se para melhorar o berço terreno que o acolhe. Quanto mais transformação moral de cada um, menos inferioridade no conjunto.

❧

Mais fraternidade.
Menos revolta.

Mais paz.
Menos violência.

Mais compreensão.
Menos indiferença.

Mais sinceridade.
Menos hipocrisia.

Mais esperança.
Menos aflição.

Mais caridade.
Menos egoísmo.

Mais indulgência.
Menos intolerância.

Mais perdão.
Menos ódio.

Mais humildade.
Menos tirania.

Mais fé.
Menos desespero.

Mais paciência.
Menos conflito.

Mais amor.
Menos discórdia.

ફ♣

Não se sinta sozinho, nem desanime. Seu esforço isolado de renovação íntima tem reflexos na coletividade, estimulando novas transformações, ainda que lentamente no tempo. Como as nuvens no céu: surge a primeira, depois outras aparecem.

158
SEM DISFARCE

Questões 186 a 188

Ao contrário das esferas superiores, nas quais a matéria perispiritual é mais etérea, nos mundos inferiores, onde você ainda tem o compromisso da transformação moral, o perispírito é mais denso e identifica, em sua substância, as vivências íntimas.

ès

Revela os excessos.
E a violência interior.

Mostra os desvios.
E os abusos físicos.

Marca a autoagressão.
E a atitude mesquinha.

Registra a mentira.
E o golpe de esperteza.

Espelha o ódio.
E a ideia de vingança.

Reflete a confusão.
E a falta de equilíbrio.

Expõe desejos.
E o impulso inferior.

Expressa lesões.
E deformidades morais.

ಌ

No corpo, é certo que você pode esconder o defeito físico sob a vestimenta ou com a maquiagem.

Contudo, na dimensão maior, o perispírito manifesta, sem disfarce, o que realmente você é.

159
INFÂNCIA ESPIRITUAL

Questões 189 a 191

A infância do Espírito é fase avançada da trajetória embrionária do princípio inteligente, que evolui na matéria inerte, promovendo a vida física.

Reage ao estímulo.
Nos primeiros unicelulares.

Esboça o movimento.
Nas células ameboides.

Realiza a síntese.
Nos vegetais primevos.

Desenvolve a integração.
Nos organismos complexos.

Aperfeiçoa a mobilidade.
Nas espécies marinhas.

Liberta-se da água.
Nos anfíbios.

Experimenta a terra.
Nas patas do réptil.

Conhece o equilíbrio.
No voo das aves.

Consolida o instinto.
Nos animais.

Dilata a percepção.
Nos primatas.

Desperta a inteligência.
Nos hominídeos.

Atinge a infância espiritual.
No homem primitivo.

Esta jornada de bilhões de anos, na qual sobram opiniões e dados científicos, pode ser entendida por você de maneira simples e espontânea, observando a Natureza. O trajeto que se estende desde a evolução embrionária do princípio inteligente até o despertar da inteligência na infância do Espírito compara-se ao desabrochar da rosa, quando o botão, a princípio totalmente fechado e inerte, vai-se abrindo, pouco a pouco, até mostrar por completo a presença das pétalas.

160
DEPENDE

Questão 192

Facilite sua evolução, tomando algumas atitudes na vivência diária.

ತಿ

Pedido de desculpa?
Aceite logo.

Trabalho?
Não recuse.

Reconciliação?
Aja depressa.

Conhecimento?
Aproveite o máximo.

Fraternidade?
Só ajuda.

Atitude de paz?
Não abandone.

Respeito ao próximo?
Cultive sempre.

Tolerância familiar?
Faça por onde.

Indulgência?
Quanto mais, melhor.

Caridade?
É o que importa.

≈≈

    Ninguém atinge a perfeição com apenas uma vida no corpo. Contudo, dependendo do que você faça ou deixe de fazer, cada existência física pode significar o avanço ou a dificuldade em sua trajetória evolutiva.

161
EVOLUÇÃO

Questões 193 e 194

A própria Natureza mostra que a lei do progresso é inexorável. Progrediu? Não retrocede. Ainda não avançou? Vai se adiantar.

ð

Maduro?
Não volta a ser verde.
E o verde amadurece.

Chuva?
Não volta a ser nuvem.
E a nuvem chove.

Carvão?
Não volta a ser lenha.
E a lenha se queima.

Rosa?
Não volta a ser botão.
E o botão se abre.

Árvore?
Não volta a ser arbusto.
E o arbusto cresce.

Borboleta?
Não volta a ser crisálida.
E a crisálida se transforma.

༄

A lei do progresso é a mesma para a evolução espiritual. O Espírito bom não volta a ser menos bom e o que ainda estaciona na turbulência do mal vai alcançar a serenidade do bem.

162
NÃO TRANSFIRA

Questão 195

Não transfira para o futuro iniciativas importantes no esforço de renovação íntima.

୨ୡ

Reconciliação?
É ganho de tempo.
E você diz: mais tarde...

Trabalho?
É progresso antecipado.
E você fala: agora não...

Disciplina?
É garantia de conquista.
E você argumenta: depois...

Perdão?
É certeza de paz.
E você declara: é cedo...

Indulgência?
É certidão de harmonia.
E você afirma: logo mais...

Desprendimento?
É atestado de fraternidade.
E você clama: mais adiante...

Caridade?
É convicção de amor.
E você contesta: devagar...

ぎ♣

Aproveite as oportunidades do bem que lhe surgem hoje no caminho, pois amanhã qualquer solução para sua transformação moral será, com certeza, mais complicada.

163
ESPÍRITO E CORPO

Questão 196

Preste atenção ao seu corpo. Ele é veículo de evolução espiritual e, a cada vez, serve a determinado propósito.

୬⋆

Forte?
É momento de trabalho.

Saudável?
É ensejo de progresso.

Doente?
É ocasião de paciência.

Feio?
É fuga ao assédio.

Deformado?
É marca de erros.

Belo?
É prova de resistência.

Defeituoso?
É processo de recuperação.

Paralítico?
É defesa oportuna.

Insano?
É reflexo de desequilíbrio.

Deficiente?
É reajuste a longo prazo.

❧

O corpo material é transitório. Contudo, é necessário ao Espírito, pois você recebe lições de crescimento íntimo na dimensão espiritual, mas é no mundo físico que mostra se realmente aprendeu.

164

TAMANHO

Questão 197

Tamanho nem sempre mostra a realidade.

ଏ⋆

Fórmula farmacêutica.
Comprimido pequeno.
Remédio atuante.

Sistema eletrônico.
Peça minúscula.
Função eficaz.

Equipamento de som.
Disco compacto.
Capacidade maior.

Rede de comunicação.
Telefone celular.
Menor e mais ágil.

Área de informática.
Computador de mão.
O máximo no mínimo.

Máquina de cálculo.
Calculadora de bolso.
Diminuta e completa.

Instalação elétrica.
Fusível no circuito.
Pequenez e segurança.

ॐ

Não se surpreenda, pois, com as verdades da reencarnação. É possível que o corpo de criança abrigue o Espírito evoluído, da mesma forma que o frasco pequeno pode conter o perfume mais raro.

165

CRIANÇA

Questões 198 e 199

Analise a conduta da criança e ensine a ela o tratamento adequado a cada inconveniência.

ཞ

Egoísta?
É experimentar a caridade.

Abusiva?
É compreender os limites.

Rebelde?
É vivenciar a harmonia.

Agressiva?
É adquirir boas maneiras.

Mesquinha?
É enxergar além de si.

Arrogante?
É respeitar o próximo.

Invejosa?
É ver a qualidade alheia.

Desonesta?
É descobrir a honradez.

Hipócrita?
É valorizar a verdade.

Viciosa?
É buscar a virtude.

ଏ

O mal na criança vem do passado, mas o bem que ela possa receber é responsabilidade sua no presente.

166
TANTO FAZ

Questões 200 a 202

Homem ou mulher no corpo físico, você tem o compromisso de resgatar os erros do passado e trabalhar pela transformação moral.

 ❧

É autoritário?
Controle a rigidez.
E adote o diálogo.

É ciumenta?
Não receie a perda.
E conviva em paz.

É leviano?
Desista do galanteio.
E adquira o respeito.

É sonhadora?
Esqueça a fantasia.
E abrace a realidade.

É exigente?
Deixe a intolerância.
E compreenda mais.

É inquieta?
Largue a rebeldia.
E assuma o dever.

É agressivo?
Afaste a violência.
E conquiste a paz.

É insensível?
Abandone a apatia.
E encontre o amor.

≥●

Tanto faz o sexo na reencarnação. O que faz a diferença é você saber que vive no corpo perecível, mas é Espírito eterno, com a responsabilidade da renovação íntima, a caminho da perfeição.

167
HERANÇA MORAL

Questão 203

Não há genética espiritual que você transmita aos filhos, mas há os exemplos de boa conduta.

⁂

Viva honestamente.
E não engane o outro.

Cultive a educação.
E não agrida ninguém.

Conserve o diálogo.
E não seja rígido.

Valorize o trabalho.
E não tenha preguiça.

Aja com gentileza.
E não faça grosseria.

Pratique a caridade.
E não mostre egoísmo.

Espalhe o perdão.
E não alimente vingança.

Converse com calma.
E não confie no grito.

Conviva com a verdade.
E não aceite a hipocrisia.

Fale sempre do amor.
E não alardeie a mágoa.

ঞ

A vontade não interfere na transmissão genética ao corpo físico, mas a herança moral depende de você.

168
PARENTESCO

Questões 204 e 205

As vidas sucessivas mostram que o estranho de hoje talvez tenha sido o parente consanguíneo do passado.

෴

Professora?
Talvez mãe.
Ou esposa.

Amigo?
Talvez pai.
Ou marido.

Serviçal?
Talvez irmã.
Ou prima.

Vizinho?
Talvez avô.
Ou neto.

Colega?
Talvez tia.
Ou filha.

Companheiro?
Talvez irmão.
Ou sobrinho.

Manicure?
Talvez avó.
Ou neta.

Mendigo?
Talvez filho.
Ou outro familiar.

୨⚫

A reencarnação vai acumulando o parentesco nas existências sucessivas, de tal forma que, em qualquer época, reencontramos no presente os laços consanguíneos do passado, dando-nos a certeza de que somos todos parentes diante da Misericórdia Divina.

169
ANTEPASSADOS

Questão 206

Desligue-se do passado e faça com perseverança sua transformação moral.

࿐

Trabalhe.
Dignidade é conquista.

Organize-se.
Disciplina é importante.

Estude.
Esclarecimento é luz.

Acalme-se.
Irritação é turbulência.

Medite.
Reflexão é conhecimento.

Controle-se.
Desatino é confusão.

Ajude.
Apoio é fraternidade.

Melhore-se.
Renovação é necessária.

Ame.
Amor é fundamental.

Dedique-se.
Bondade é redenção.

ಬಿ

Busque o crescimento interior com as lições de Jesus, na certeza de que antepassados ilustres honram a família, mas seu progresso espiritual depende de você.

170
Primeira escola

Questões 207 e 208

Anote o que seus filhos enxergam em você.

ɞ

Educação.
E esforço.
Ou apatia.

Disciplina.
E trabalho.
Ou preguiça.

Bom senso.
E verdade.
Ou mentira.

Civilidade.
E respeito.
Ou rudeza.

Dedicação.
E renúncia.
Ou inércia.

Caridade.
E estima.
Ou egoísmo.

Dignidade.
E honradez.
Ou astúcia.

Franqueza.
E diálogo.
Ou hipocrisia.

ž♣

Você não transfere fisicamente a seus rebentos o patrimônio moral, como transmite a cor da pele e dos olhos, mas tem responsabilidade para com eles, pois sabe que o exemplo de vida dos pais é a primeira escola que os filhos frequentam.

171
FILHO PROBLEMÁTICO

Questões 209 e 210

O filho problemático não nasce por acaso e para a dificuldade que ele traz há o recurso específico, mas existe também, em família, a conduta mais apropriada.

※

Agressivo?
É paciência.

Rebelde?
É diálogo.

Confuso?
É tempo.

Indolente?
É estímulo.

Enfermo?
É cuidado.

Deficiente?
É ajuda.

Leviano?
É conselho.

Ocioso?
É disciplina.

Arrogante?
É calma.

Egoísta?
É exemplo.

૨▲

O mau filho não é um intruso na família, mas a dificuldade do passado que retorna para cobrar soluções no presente. Não há dúvida de que tal convivência é provação para os pais. Contudo, é também a oportunidade para que eles percebam os próprios desacertos de outros tempos e, corrigindo sentimentos e atitudes, superem a tendência de repeti-los nos dias de hoje.

172
AVERSÃO E SIMPATIA

Questões 211 a 214

Você percebe a aversão e a simpatia no grupo familiar.

&

O pai irascível.
E a filha rebelde.

A mãe amorosa.
E o filho dócil.

O marido tirânico.
E a esposa ríspida.

O irmão bondoso.
E a irmã pacífica.

A avó impaciente.
E o neto grosseiro.

O avô carinhoso.
E a neta meiga.

A sobrinha rude.
E o tio agastado.

O sobrinho calmo.
E a tia tranquila.

A sogra ranzinza.
E a nora arredia.

O sogro paternal.
E o genro amigo.

ઠ▲

A convivência familiar reúne Espíritos afins do passado e desafetos de outros tempos. Contudo, o cunhado pirracento e o primo amistoso são apenas um momento da trajetória evolutiva, pois o que é inadiável e permanente é o compromisso com a transformação moral.

173
POVO

Questão 215

Um povo é uma grande família, formada por Espíritos simpáticos entre si. E você pergunta: como entender as diferenças? A Natureza explica.

ॐ

Há o pomar de laranjas.
Laranjeiras diversas.
Espécies diferentes.
Qualidade variada.
Laranjas doces e azedas.
E, no entanto, é tudo laranja.

Há o jardim de rosas.
Roseiras diversas.
Espécies diferentes.

Qualidade variada.
Rosas de muitas cores.
E, no entanto, é tudo rosa.

Há a lavoura de grãos.
Plantas diversas.
Espécies diferentes.
Qualidade variada.
Grãos maiores e menores.
E, no entanto, é tudo grão.

Há a plantação de coco.
Coqueiros diversos.
Espécies diferentes.
Qualidade variada.
Cocos graúdos e miúdos.
E, no entanto, é tudo coco.

૨૭

Os Espíritos simpatizam com as coletividades, têm os mesmos pendores, mas não são iguais. Há o caráter de um povo. Famílias diversas. Evolução diferente. Moralidade variada. Habitantes bons e maus. E, no entanto, é o mesmo povo.

174
CARÁTER MORAL

Questão 216

Corrija agora as dificuldades íntimas, para que não apareçam em existências seguintes. Imperfeições? A solução é buscar o roteiro do Evangelho.

෴

Irritação?
É superar a crise.

Prepotência?
É abrandar o tom.

Egoísmo?
É ver o próximo.

Ódio?
É diluir a mágoa.

Desforra?
É adiar sempre.

Ciúme?
É renunciar à posse.

Inveja?
É não competir.

Arrogância?
É se dobrar mais.

Avareza?
É abrir a mão.

Intolerância?
É ter indulgência.

૨૦

É certo que traços da personalidade do Espírito podem se repetir em diferentes encarnações. Dedique-se, pois, com esforço e perseverança à renovação íntima, a fim de que no futuro, em novas experiências físicas, as conquistas de hoje revelem seu caráter moral em permanente transformação para o bem.

175
SAGA

Questão 217

A passagem por várias encarnações, em diferentes corpos, é semelhante a certos momentos do cotidiano.

᠌

Você passa por várias moradias.
Estilos e tamanhos diferentes.
Ruas e bairros diversos.
Cidades e lugares distantes.
Mas você é sempre o mesmo.
E imprime nelas seu modo de ser.

Você passa por vários veículos.
Fabricação e idade diferentes.
Cores e modelos diversos.

Com mais e menos potência.
Mas você é sempre o mesmo.
E os dirige do seu jeito.

Você passa por vários transportes.
Rapidez e eficiência diferentes.
Confiança e conforto diversos.
Por terra, por ar e marítimo.
Mas você é sempre o mesmo.
E leva a bagagem que tem.

Você passa por vários cursos.
Extensão e duração diferentes.
Matérias e assuntos diversos.
Graduação e pós-graduação.
Mas você é sempre o mesmo.
E estuda à sua maneira.

༄

  A saga das vidas sucessivas tem o mesmo roteiro.
  Você passa por várias encarnações. Situações e épocas diferentes. Provas e compromissos diversos. Sofre, aprende e se renova. Mas é sempre o mesmo. E deixa no corpo sua marca.

176
IDEIAS INATAS

Questão 218

Alguns exemplos ajudam a compreender melhor as ideias inatas.

❧

O jardim tem rosas.
A rosa desabrocha.
E traz seu perfume.
Alguém lhe deu aroma?
Não. É próprio dela.

O pomar tem mangas.
A manga amadurece.
E traz seu sabor.
Alguém lhe deu gosto?
Não. É próprio dela.

A horta tem beterrabas.
A beterraba cresce.
E traz sua coloração.
Alguém lhe deu cor?
Não. É própria dela.

O campo tem jatobás.
O jatobá se desenvolve.
E traz sua casca dura.
Alguém lhe deu rigidez?
Não. É própria dele.

૨૭

Durante a reencarnação, coisa semelhante acontece com as lembranças do passado.

O corpo tem o Espírito.
O Espírito viveu antes.
E traz suas conquistas.
Alguém lhe deu intuição?
Não. É própria dele.
São as ideias inatas.

177
TRATAMENTO

Questões 219 e 220

Trate com rigor as más tendências adquiridas no passado e que teimam reaparecer na encarnação presente.

૨૭

Intolerância?
Não convém.

Ciúme?
É engano.

Irritação?
É estrago.

Mágoa?
É veneno.

Egoísmo?
É prisão.

Vingança?
Não ajuda.

Avareza?
É amarra.

Preguiça?
É atraso.

Ódio?
É abismo.

Violência?
Não resolve.

❧

 Cultive e aprimore as qualidades conquistadas em outras vidas. Contudo, quanto às más inclinações que se repetem a cada existência, a estas é melhor que você dê o mais severo e constante tratamento.

178
ENDEREÇO

Questão 221

Não esqueça a realidade espiritual em suas atividades habituais no corpo físico.

❧

Adquira fortuna,
 mas enriqueça o interior.

Cuide do corpo,
 mas aprimore o Espírito.

Trate o mal físico,
 mas melhore o gênio.

Exerça a profissão,
 mas pratique a caridade.

Construa a moradia,
 mas edifique o bem.

Cultive a moda,
 mas utilize a biblioteca.

Trabalhe pelo pão,
 mas se alimente na prece.

Confie em si mesmo,
 mas conserve a fé no Alto.

Conquiste o conforto,
 mas busque a paz íntima.

Alcance o sucesso,
 mas agradeça ao Senhor.

෴

Enquanto no corpo, não deixe que o preconceito lhe apague a lembrança intuitiva da existência de Deus e da vida espiritual, porque pode acreditar que o único endereço certo que você tem é realmente o mundo invisível.

Mundo Espírita ou dos Espíritos

Capítulo V

Considerações sobre a pluralidade das existências

179
AINDA

Questão 222

As vidas sucessivas são oportunidades renovadas para a conquista do bem. É certo que agora você se esforce no aprendizado e na transformação moral, mas ainda tem imperfeições que não consegue superar em uma única existência.

෴

Reconhece o perdão,
mas ainda tem mágoa.

Sabe da indulgência,
mas ainda é intolerante.

Cultiva a caridade,
mas ainda tem egoísmo.

Entende a compaixão,
   mas ainda é indiferente.

Quer o desprendimento,
   mas ainda tem avareza.

Busca a solidariedade,
   mas ainda é invejoso.

Conhece a brandura,
   mas ainda tem raiva.

Aceita a resignação,
   mas ainda é revoltado.

Procura a paciência,
   mas ainda tem cólera.

Anseia pela humildade,
   mas ainda é arrogante.

A reencarnação é simples etapa da trajetória evolutiva, pois ninguém alcança a perfeição em uma só vida, assim como o aluno, no curso de graduação, não recebe o diploma frequentando apenas um ano letivo.

Mundo Espírita ou dos Espíritos

Capítulo VI

Vida espírita

180
OUTRO TESTE

Questão 223

Você pode avaliar o progresso espiritual analisando como reage no dia a dia. Diante da dificuldade, qual é sua conduta?

ૐ

Frustração.
É raiva ou entendimento?

Imprevisto.
É desatino ou solução?

Ofensa.
É revide ou desculpa?

Ignorância.
É descaso ou estudo?

Dúvida.
É inércia ou explicação?

Mal-entendido.
É bate-boca ou calma?

Enfermidade.
É revolta ou aceitação?

Perigo.
É ousadia ou prudência?

Intriga.
É anúncio ou silêncio?

Novidade.
É euforia ou bom senso?

❧

Aproveite bem a reencarnação, testando seu avanço na senda do bem, porque, após deixar o mundo material, você nem sabe quando vai voltar para outro teste no corpo.

181
MEDIDA

Questões 224 e 225

Não desista da transformação moral em sua vivência no corpo físico.

❧

Trabalhe.
E não se desanime.

Estude.
E não se acomode.

Avance.
E não se vanglorie.

Acerte.
E não se envaideça.

Construa.
E não se orgulhe.

Ajude.
E não se exaspere.

Vença.
E não se imponha.

Adquira.
E não se escravize.

Sofra.
E não se desalente.

Perdoe.
E não se envergonhe.

❧

Esteja certo de que a medida que você usa para julgar o próximo, no mundo físico, é a mesma que será usada para você, no mundo espiritual.

182

COLHEITA

Questões 226 e 227

Aplique as lições do Evangelho em sua experiência diária.

ઠ૱

Exercite o bem.
E ajude o próximo.

Mostre educação.
E fale com calma.

Largue o egoísmo.
E seja fraterno.

Deixe a arrogância.
E enxergue o outro.

Elimine a vaidade.
E aja com modéstia.

Cultive a oração.
E caminhe com fé.

Afaste a grosseria.
E una-se à brandura.

Desfaça a raiva.
E edifique o perdão.

Fuja da intolerância.
E tenha indulgência.

Abandone o ódio.
E conquiste o amor.

Durante a reencarnação e ciente do ensinamento espírita, viva de tal forma que você mereça, depois da morte do corpo, oportunidade mais ampla de aprendizado, pois é da essência da Lei de Causa e Efeito que cada um colha na vida espiritual exatamente o que plantou na vida física.

183
PAIXÕES

Questões 228 e 229

Analise as imperfeições que ainda lhe acompanham os passos.

❧

Inveja.
E ingratidão.

Ciúme.
E vingança.

Egoísmo.
E avareza.

Tirania.
E crueldade.

Poder.
E opressão.

Raiva.
E azedume.

Cólera.
E grosseria.

Orgulho.
E ambição.

Vaidade.
E capricho.

Ódio.
E violência.

ॐ

Essas más paixões, em maior ou menor grau, ainda moram na intimidade do Espírito em evolução. Você sabe que é preciso resolvê-las, e o começo da solução não é negá-las, mas admitir que elas realmente existem, renunciando de vez ao disfarce da falsa santidade.

184
PROVA

Questão 230

O aprendizado é importante, mas é a prática que revela se valeu a pena.

෴

O estudante vai à escola,
mas é no exame que se prova.

O atleta faz o treinamento,
mas é na disputa que se testa.

O cozinheiro frequenta o curso,
mas é no fogão que se completa.

O soldado recebe instruções,
mas é no serviço que se revela.

O pintor aprende a técnica,
mas é no pincel que se realiza.

O estilista conhece a moda,
mas é na roupa que se expõe.

O poeta entende de versos,
mas é no poema que se mostra.

O intelectual reúne o saber,
mas é no trabalho que o aplica.

O músico se exercita sempre,
mas é no recital que se consagra.

O filho ouve o conselho dos pais,
mas é na vivência que o pratica.

ぶ

A evolução acontece da mesma forma. O Espírito, liberto da matéria, tem o ensejo de aprender e progredir enquanto permanece no mundo espiritual, mas é a conduta no corpo, durante a experiência da reencarnação, que vai provar se realmente aproveitou a oportunidade.

185
O QUE GARANTE

Questão 231

Reconheça seus sentimentos de natureza inferior e, dentro do possível, dê a eles a solução conveniente.

ಸಿ

Inveja é toxina.
Evite.

Egoísmo é veneno.
Não use.

Revolta é corrosivo.
Neutralize.

Vingança é agressão.
Não aja.

Mágoa é lamaçal.
Pule.

Intriga é miasma.
Não crie.

Ciúme é espinho.
Retire.

Mesquinhez é fel.
Não guarde.

Ganância é sujeira.
Limpe.

Orgulho é mancha.
Não conserve.

෴

Faça sua renovação íntima com esforço e perseverança, na certeza de que, no mundo espiritual, o que garante a felicidade é a consciência em paz pela vitória sobre si mesmo.

186
VOCÊ PODE

Questão 232

Siga o roteiro do Evangelho e faça sua renovação íntima.

Releve a ofensa.
Não guarde mágoa.
É o que melhora.

Não fuja da caridade.
Abandone o egoísmo.
É o que engrandece.

Valorize o perdão.
Não busque vingança.
É o que acalma.

Não tenha orgulho.
Exalte a humildade.
É o que vale.

Entronize a verdade.
Não cultive hipocrisia.
É o que aproveita.

Não desista do bem.
Esqueça a ingratidão.
É o que é bom.

Fortaleça o amor.
Não alimente o ódio.
É o que enobrece.

Não despreze a fé.
Elimine a descrença.
É o que ajuda.

෴

Ainda comprometido com provas e expiações, você não pode viver em mundos superiores, mas pode se transformar moralmente e fazer de seu mundo interior um mundo melhor.

187
MUNDO INFELIZ

Questão 233

Não se acomode no próprio mundo. Descubra o necessitado que existe em torno de você.

ಸ

Ampare o abrigo.
O idoso vai agradecer.

Frequente a creche.
A criança vai se alegrar.

Vá até o hospital.
O doente vai sorrir.

Ajude o albergue.
O hóspede vai festejar.

Visite o bairro carente.
O assistido vai gostar.

Socorra o casebre.
O morador vai se animar.

Adote a escola pobre.
O aluno vai se beneficiar.

Auxilie o presídio.
O preso vai se orientar.

Apoie a sopa fraterna.
O comensal vai aplaudir.

Participe da instituição.
Os companheiros vão querer.

෴

Os Espíritos elevados descem aos mundos inferiores para guiá-los ao progresso. Aja do mesmo modo com o mundo infeliz à sua volta e faça o bem que puder. É você quem vai ganhar.

188
SERVIÇOS TEMPORÁRIOS

Questões 234 e 235

Anote os lugares em que você pode estar temporariamente, fazendo o bem ao próximo e a si mesmo.

ཉ

Frequentar a sopa fraterna.
É saciar o estômago faminto.
E nutrir-se de solidariedade.

Assumir a visita domiciliar.
É levar consolo ao sofredor.
E confortar-se interiormente.

Trabalhar na sala de costura.
É coser a roupa do carente.
E vestir-se de compaixão.

Ir à distribuição de alimento.
É abastecer a prateleira vazia.
E prover de paz a intimidade.

Estar na doação de agasalho.
É afastar o desnudo do frio.
E aquecer a própria alma.

Ajudar no auxílio à gestante.
É ter caridade com mãe e filho.
E encher de amor o coração.

૨૭

O Espírito, já liberto da matéria, passa pelos mundos provisórios para refazer forças e seguir adiante. Você, ainda no corpo físico, tem a oportunidade de estar temporariamente nos serviços do bem, quando dá algum tempo seu para o socorro do próximo, ganhando a energia necessária para, com a ajuda do Alto, vencer a si mesmo e prosseguir a jornada.

189
UTILIDADE

Questão 236

Não deixe na inutilidade o que você tem e não usa mais.

ϟ

Roupa.
Sobrando?
No baú?
Doe logo.

Livro.
Esquecido?
Na estante?
Passe adiante.

Agasalho.
Encostado?
No armário?
Dê a alguém.

Calçado.
Rejeitado?
Na sapateira?
Outro aproveita.

Objeto escolar.
Guardado?
Na gaveta?
Serve ao carente.

Móvel.
Desgastado?
No despejo?
Convém ao casebre.

Utensílio doméstico.
Abandonado?
Na prateleira?
Favorece o pobre.

ཚ

À semelhança da Criação Divina, na qual tudo tem utilidade, dê a quem precisa o que não lhe é mais necessário. É um bem que você faz ao próximo e também a você.

190
PERCEPÇÃO

Questão 237

Coloque-se acima das influências materiais e melhore a percepção de suas dificuldades íntimas.

∾

Livre-se do egoísmo.
Atente na fraternidade.
E na precisão do outro.

Afaste o orgulho.
Observe a humildade.
E a atenção ao vizinho.

Vença a irritação.
Sustente a tolerância.
E a boa convivência.

Esqueça a ofensa.
Reconheça o perdão.
E o erro do ofensor.

Saia da mesquinhez.
Enxergue a caridade.
E a miséria alheia.

Supere a violência.
Compreenda a paz.
E o gesto agressivo.

Abandone o ódio.
Descubra o amor.
E a alegria de amar.

❧

As percepções aumentam quando o Espírito se liberta do jugo material. Contudo, não espere a morte do corpo para ver melhor a realidade. Largue depressa os interesses imediatistas que lhe obscurecem o entendimento espiritual e, seguindo as lições de Jesus, faça todo o bem possível ao próximo e a si mesmo.

191

QUEM SABE

Questões 238 e 239

Reúna toda a espécie de conhecimento, mas não descuide da renovação moral.

ತಾ

Dedique-se ao cálculo,
    mas some o que é nobre.

Saiba línguas,
    mas observe o que fala.

Conheça o som,
    mas ouça o que é melhor.

Entenda de livros,
    mas leia o que é sadio.

Aprenda música,
   mas execute o que eleva.

Aperfeiçoe a escrita,
   mas escreva o que instrui.

Cultive a arte,
   mas faça o que é sublime.

Conquiste a Ciência,
   mas considere a Criação Divina.

❧

Estude e conheça, mas siga as lições do Evangelho, certo de que, no mundo espiritual, quem mais sabe é o que aprende e faz a transformação moral.

192
GARANTIA CERTA

Questões 240 e 241

Não espere a condição de Espírito livre para ter ideia mais exata do presente e constatar o prejuízo de certas atitudes.

ع

Irritação?
É desgaste evitável.

Egoísmo?
É isolamento íntimo.

Intolerância?
É agitação interior.

Desespero?
É perda de energia.

Mágoa?
É infecção atuante.

Ódio?
É veneno acumulado.

Hipocrisia?
É disfarce inútil.

Orgulho?
É inchaço do caráter.

Revolta?
É a emoção alterada.

Inveja?
É atuação destrutiva.

❧

Durante a experiência física, respeite o tempo e aplique as lições de Jesus em seus atos, na certeza de que o presente no bem é a garantia certa do futuro em paz.

193
É POSSÍVEL

Questões 242 e 243

Conheça o passado no presente. Perceba o que você foi nos tempos de ontem, analisando suas tendências nos dias de hoje.

❧

Agressivo
ou brando?

Exigente
ou tolerante?

Colérico
ou sereno?

Egoísta
ou fraterno?

Arrogante
ou humilde?

Grosseiro
ou cortês?

Invejoso
ou solidário?

Vingativo
ou indulgente?

Hipócrita
ou sincero?

Odiento
ou amoroso?

Leviano
ou responsável?

Benevolente
ou maldoso?

※

  Reconhecendo as dificuldades pretéritas que ainda persistem na existência atual e buscando, no Evangelho, o roteiro para a transformação íntima, é possível que, mesmo não sendo Espírito Superior, você possa prever o melhor futuro para sua jornada rumo à perfeição.

194
PRESENÇA DE DEUS

Questão 244

Se você

tem compaixão
e ajuda o próximo,

vê a necessidade
e faz alguma coisa,

enxerga a miséria
e toma providência,

percebe a dor
e promove o alívio,

encontra o doente
e oferta o remédio,

descobre a nudez
e fornece a roupa,

vai até o casebre
e apoia o infeliz,

repara a orfandade
e auxilia a infância,

observa o abandono
e ampara o idoso,

abraça o sofredor
e lhe dá conforto,

se trabalha pelo bem comum, socorre, serve, ama e perdoa, conforme ensina o Evangelho, então a alegria que mora em seu coração, esteja certo, é a presença de Deus em você.

195
VISÃO DO BEM

Questões 245 a 247

Não fique cego diante da necessidade do próximo.

❧

O pedinte insiste.
Busca recurso.
Não se irrite.
Veja o que ele precisa.

O vizinho chega.
Pede providência.
Não se aborreça.
Enxergue o que ele quer.

O amigo reclama.
Fala de doença.
Não se afaste.
Note do que ele carece.

A esposa conversa.
Expõe a situação.
Não se recolha.
Perceba o que ela deseja.

O filho argumenta.
Cita o problema.
Não se esconda.
Observe o que ele anseia.

O companheiro vem.
Mostra o incômodo.
Não se impaciente.
Olhe o que ele pretende.

ઠ&

Apure a visão do bem em você, vivendo os ensinamentos do Evangelho, a fim de que, no futuro, não se arrependa de não ter enxergado o que, em nome da caridade, devia ter visto.

196
VER E OUVIR

Questões 248 a 250

Observe se você compreende realmente o significado do que vê e ouve à sua volta.

❧

Vê a cena difícil.
Conhece os detalhes.
E aprende com o que vê?

Ouve a conversa.
Entende o conteúdo.
E aproveita o que ouve?

Vê o infeliz.
Sabe do problema.
E soluciona o que vê?

Ouve a queixa.
Descobre a doença.
E resolve o que ouve?

Vê o menino.
Nota o abandono.
E trabalha no que vê?

Ouve o gemido.
Percebe a dor.
E auxilia o que ouve?

Vê o mendigo.
Confirma a miséria.
E socorre o que vê?

Ouve o lamento.
Enxuga a lágrima.
E consola o que ouve?

ε☙

Não se faça de cego diante do infortúnio que a vida lhe mostra e ajude aquele que sofre, pois quem está com Jesus caminha pelo mundo, vendo com olhos de ver e ouvindo com ouvidos de ouvir.

197
Pergunta

Questões 251 e 252

Faça uma pergunta a si mesmo: você é sensível às dificuldades dos outros?

⁂

Ouve o infeliz.
Ele reclama.
Você sente?
E vai ajudar?

Atende o sofredor.
O pobre lamenta.
Você se toca?
E vai socorrer?

O velho manca.
A dor incomoda.
Você percebe?
E vai amparar?

A criança pede.
Está com fome.
Você se liga?
E vai resolver?

A mãe se aflige.
O filho é doente.
Você se comove?
E vai auxiliar?

O homem geme.
É ferida aberta.
Você se condói?
E vai acudir?

ಠ

Não seja insensível ao sofrimento alheio. É justo que você ame as belezas naturais e a música, mas lembre-se da caridade e ame também o próximo.

198
NÃO DEIXE

Questões 253 e 254

Não deixe que as dificuldades materiais o conduzam ao repouso indevido.

🙵

Doença?
Não se acomode.
Batalhe.

Deficiência?
Não desanime.
Supere.

Defeito?
Não se esconda.
Reaja.

Fraqueza?
Não se recolha.
Fortifique-se.

Cegueira?
Não tema.
Encare.

Paralisia?
Não desista.
Lute.

Mudez?
Não fuja.
Comunique-se.

Fadiga?
Não exagere.
Dose o descanso.

 махе

Não faça do cansaço e da limitação física uma desculpa para se afastar das exigências do caminho. Ninguém nega que o repouso é necessário, mas não se deve confundi-lo com a preguiça e o comodismo.

199
PREVENÇÃO

Questões 255 e 256

Faça a prevenção das angústias morais na vida de além-túmulo.

🙰

Filho?
Dê atenção aos pais.

Intelectual?
Não espalhe descrença.

Mãe?
Apoie a menina-moça.

Escritor?
Não semeie vulgaridade.

Pai?
Entenda o adolescente.

Rico?
Não maltrate a caridade.

Irmão?
Honre a fraternidade.

Pobre?
Não cultive a revolta.

Companheiro?
Fique longe da intriga.

Artista?
Não desperdice talento.

Dirigente?
Respeite o subordinado.

Serviçal?
Não abuse dos direitos.

❧

É inevitável, muitas vezes, a reminiscência de impressões físicas na vida espiritual. Contudo, o sofrimento moral, que decorre sempre da desobediência às leis divinas, este você pode prevenir.

200
CUIDADO

Questão 257

Tenha todo o cuidado com a reforma íntima, durante a experiência física, para que suas percepções não lhe causem sofrimento na vida espiritual.

ઠ૯

Ciúme?
Livre-se dele.

Visão?
Veja o que é bom.

Orgulho?
Passe a combater.

Ouvido?
Ouça o que é útil.

Aflição?
Resolva sem revolta.

Dor?
Trate sem desespero.

Inveja?
Elimine de vez.

Egoísmo?
Remova para sempre.

Hipocrisia?
Afaste-se logo.

Intriga?
Fique longe dela.

❧

Eduque percepções e sentimentos, realizando a transformação moral pelo estudo e a prática dos ensinamentos do Evangelho, na certeza de que sua situação futura será sempre consequência do que você fizer agora.

201
FOI VOCÊ

Questão 258

Penúria?
　Preocupa, mas disciplina.

Doença?
　Incomoda, mas educa.

Dor?
　Atormenta, mas alerta.

Fortuna?
　Compromete, mas ajuda.

Sofrimento?
　Aflige, mas aperfeiçoa.

Conflito?
　Dói, mas redireciona.

Insanidade?
Desnorteia, mas resgata.

Deficiência?
Limita, mas resguarda.

Acidente?
Aniquila, mas redime.

Perda?
Tortura, mas esclarece.

Humilhação?
Machuca, mas sublima.

Fracasso?
Mortifica, mas orienta.

Desprezo?
Maltrata, mas ensina.

Morte?
Destrói o corpo.
Mas liberta a alma.

ಌ

Não imagine que seja castigo divino a provação que lhe traz amargura no caminho, na certeza de que ela só acontece porque Deus permitiu, mas foi você quem a escolheu.

202
LIBERDADE DE ESCOLHA

Questão 259

Você tem liberdade de escolha nos caminhos da evolução.

ತಿ•

Doença.
Trata-se.
Ou se rebela.

Conflito.
Resolve.
Ou se sujeita.

Penúria.
Trabalha.
Ou se entrega.

Riqueza.
Usa.
Ou abusa.

Ciência.
Constrói.
Ou destrói.

Família.
Convive.
Ou abandona.

Conhecimento.
Aproveita.
Ou desperdiça.

Aflição.
Confia.
Ou descrê.

Fracasso.
Aprende.
Ou se revolta.

Inteligência.
Faz o bem.
Ou o mal.

૨૧

Deus permite escolher a experiência no corpo físico, mas está claro que sua atitude diante dela pertence somente a você.

203
CONVICÇÃO

Questão 260

Observe as defesas que você utiliza nas atividades do cotidiano.

ಜಿ

Vê a chuva.
Usa apetrechos.
Sai de casa.
E não se molha.

Procura o mar.
Usa equipamento.
Mergulha fundo.
E não se afoga.

Ataca o incêndio.
Usa uniforme.
Extingue o fogo.
E não se queima.

Vai à colmeia.
Usa traje certo.
Lida com abelhas.
E não se ferroa.

Dá o combate.
Usa defensivo.
Joga o veneno.
E não se prejudica.

Salta no espaço.
Usa paraquedas.
Chega ao solo.
E não se machuca.

Trata a ferida.
Usa proteção.
Faz o curativo.
E não se contagia.

ත◕

Qualquer que seja o ambiente difícil da experiência no corpo físico, use as defesas do Evangelho, na certeza de que a resistência ao mal depende exclusivamente da convicção quanto ao bem.

204
ALGO MAIS

Questão 261

Analise seu comportamento perante as provas que você escolheu.

≷≜

Orgulhoso?
Ou mais humilde.

Egoísta?
Ou mais generoso.

Avarento?
Ou mais desprendido.

Pródigo?
Ou mais equilibrado.

Intolerante?
Ou mais paciente.

Vingativo?
Ou mais indulgente.

Aflito?
Ou mais confiante.

Rebelde?
Ou mais cordato.

Indiferente?
Ou mais caridoso.

Invejoso?
Ou mais fraterno.

Hipócrita?
Ou mais sincero.

Incrédulo?
Ou com mais fé.

❧

Exercite a resistência ao mal, no meio escolhido para a provação, a fim de que, ao final de cada teste, você tenha acrescentado algo mais ao patrimônio do bem.

205
NÃO RECLAME

Questão 262

Não reclame das provas que lhe alcançam o caminho e que você mesmo escolheu.

≈

A doença.
E os transtornos.

A perda.
E os fracassos.

A dor.
E as aflições.

A identidade.
E as dúvidas.

A família.
E as diferenças.

O casamento.
E os conflitos.

O filho.
E os problemas.

A parentela.
E as dificuldades.

O grupo.
E as atribulações.

Os amigos.
E as afinidades.

Os desafetos.
E as antipatias.

A missão.
E os espinhos.

❧

 Cumpra, pois, suas tarefas no mundo, na certeza de que é melhor escolher a vida que se leva do que ser escolhido e levado pela própria vida.

206
NÃO DESISTA

Questões 263 e 264

Não desista das provas que você mesmo escolheu.

Casamento?
Não se apresse.
Use a razão.

União difícil?
Não recue.
Tente mais.

Família?
Não fuja.
Conviva.

Riqueza?
Não esconda.
Aplique.

Penúria?
Não se rebele.
Aprenda.

Cultura?
Não guarde.
Ensine.

Religião?
Não fanatize.
Esclareça.

Doença?
Não negue.
Enfrente.

Trabalho?
Não recuse.
Realize.

Missão?
Não rejeite.
Cumpra.

Autoridade?
Não abuse.
Exerça.

Poder?
Não se cegue.
Veja o bem.

Se as dificuldades lhe atravessam o caminho, não imagine que a prova esteja errada. Nessa questão, quase sempre é você quem está errado diante da prova.

207
Tenha certeza

Questões 265 e 266

A experiência física mais rigorosa é sempre a consequência de situações do passado.

❧

Enfermidade grave.
É dívida pretérita.
Não se desespere.
Tenha paciência.

Sofrimento moral.
É cobrança antiga.
Não se revolte.
Tenha calma.

Morte em família.
É dor obrigatória.
Não se desanime.
Tenha esperança.

Perda de filho.
É provação acerba.
Não se entregue.
Tenha coragem.

Paralisia definitiva.
É sinal de defesa.
Não se desoriente.
Tenha confiança.

Deficiência física.
É sequela de erro.
Não se rebele.
Tenha tolerância.

Doença fatal.
É purificação.
Não se aflija.
Tenha fé.

※

Diante da prova rude, tenha certeza de que você mesmo escolheu o caminho mais difícil, a fim de que as facilidades de hoje não trouxessem de volta os enganos de ontem.

208
Contraponto

Questões 267 e 268

A prova escolhida para a vida física precisa do contraponto do bem para não cair no abismo do erro.

಄

Riqueza.
Sem equilíbrio.
É desastre.

Poder.
Sem bom senso.
É violência.

Prestígio.
Sem discernimento.
É empáfia.

Fama.
Sem sensatez.
É vaidade.

Autoridade.
Sem controle.
É tirania.

Doença.
Sem resignação.
É revolta.

Parentela.
Sem tolerância.
É conflito.

Amor.
Sem renúncia.
É posse.

ತಿ♣

Sendo possível, escolha a experiência material que lhe convenha, mas não esqueça os apontamentos do Evangelho, a fim de que sua prova não seja inútil e inconveniente.

209
Riscos

Questões 269 e 270

Qualquer que seja a prova escolhida, ela tem os seus riscos.

Mediunidade?
Existem apelos indesejáveis.
É preciso resistir.
Trabalhe.

Família?
Há conflitos inevitáveis.
É preciso contornar.
Não recue.

Cultura?
Aparece o tumor do orgulho.
É preciso extirpar.
Ensine.

Beleza?
Nasce o ferrão da vaidade.
É preciso eliminar.
Não se iluda.

Enfermidade?
Surgem momentos de revolta.
É preciso neutralizar.
Confie.

Missão?
Ocorrem ideias de desânimo.
É preciso combater.
Não desista.

Casamento?
Acontecem os desencontros.
É preciso superar.
Ame.

೭ই

Ainda que a vida lhe surpreenda com dificuldades, não tenha medo da prova que você escolheu, na certeza de que a melhor maneira de não errar o caminho é seguir, passo a passo, as lições de Jesus.

210
NÃO IMPORTA

Questões 271 e 272

Espíritos de variada natureza buscam o progresso através da reencarnação.

&

Selvagens.
E evoluídos.

Canibais.
E civilizados.

Ignorantes.
E sábios.

Delinquentes.
E virtuosos.

Salteadores.
E santos.

Egoístas.
E fraternos.

Avarentos.
E solidários.

Hipócritas.
E sinceros.

Maldosos.
E benévolos.

Injustos.
E justos.

ಕಿ&

Cada um deles volta ao corpo físico conforme a necessidade interior. Não importa, pois, o lugar em que estejam. Importa, sim, o aprendizado que alcançam e o esforço que fazem para a conquista da transformação moral.

211
AMBIENTE

Questão 273

Não espere a reencarnação futura para apoiar o progresso dos que estão em maiores dificuldades.

઺

A cadeia é difícil.
O ambiente é de revolta.
Chegue até lá, se puder.
E ajude.

O hospital é triste.
O ambiente é de dor.
Visite, quanto possa.
E console.

O abrigo é isolado.
O ambiente é de solidão.
Compareça, se possível.
E conforte.

A creche é enorme.
O ambiente é de carência.
Participe, quanto seja.
E colabore.

A moradia é pobre.
O ambiente é de penúria.
Entre, se der certo.
E socorra.

O albergue é provisório.
O ambiente é de incerteza.
Frequente, quanto queira.
E auxilie.

≥≥

Faça o bem aos que sofrem e, embora você apareça em ambientes conturbados, tenha a certeza de que seu ambiente interior estará repleto de paz.

212
AUTORIDADE MORAL

Questão 274

Cultive as lições do Evangelho na intimidade, para conquistar a autoridade moral ainda na experiência física.

ஐ

Pai?
Viva no bem.
E sempre.

Irmão?
Cuide da conduta.
E do afeto.

Companheiro?
Seja solidário.
E prestativo.

Chefe?
Dê o exemplo.
E a mão.

Professor?
Ensine com amor.
E respeito.

Juiz?
Aja com justiça.
E bom senso.

Dirigente?
Mostre trabalho.
E honradez.

Profissional?
Tenha eficiência.
E correção.

ॐ

É claro que existe o mando por imposições diversas. Contudo, a verdadeira autoridade, em qualquer circunstância, é aquela que nasce da superioridade moral.

213

Supremacia

Questões 275 a 277

A posição de relevo que você ocupa no Espiritismo, enquanto no corpo físico, nem sempre é a mesma na vida espiritual, pois depende de como anda seu mundo interior.

ಛಿ

Médium conceituado.
É honesto?

Doutrinador de fama.
É digno?

Dirigente de prestígio.
É justo?

Conselheiro influente.
É honrado?

Conferencista célebre.
É sincero?

Pregador apreciado.
É coerente?

Escritor de talento.
É benévolo?

Jornalista respeitado.
É indulgente?

Campeão de assistência.
É fraterno?

Líder na seara espírita.
É virtuoso?

※

Qual seja o lugar em que você estagia no meio doutrinário, cuide da renovação íntima, certo de que, no mundo dos Espíritos, a supremacia decorre invariavelmente do esforço perseverante na transformação moral.

214

DESDE AGORA

Questão 278

Analise como você age na experiência física e saiba quem são suas companhias espirituais.

❧

Os egoístas
   ou os que têm desprendimento?

Os arrogantes
   ou os que têm humildade?

Os vaidosos
   ou os que têm modéstia?

Os violentos
   ou os que têm brandura?

Os invejosos
 ou os que têm solidariedade?

Os ciumentos
 ou os que têm bom senso?

Os incrédulos
 ou os que têm fé?

Os aflitos
 ou os que têm serenidade?

Os hipócritas
 ou os que têm franqueza?

Os indiferentes
 ou os que têm caridade?

Os maus
 ou os que têm benevolência?

Os que odeiam
 ou os que têm amor?

※

É natural que, no mais além, você queira estar afinado com os bons Espíritos. Contudo, não esqueça que a afinidade começa desde agora.

215

O MELHOR A FAZER

Questões 279 a 281

Na vida física, os Espíritos atrasados estão em toda parte.

☙

Na família,
é o pai irresponsável,
a mãe indiferente,
o irmão hipócrita,
o tio agressivo,
o parente ingrato.

No trabalho,
é o chefe perseguidor,
o colega despeitado,
o companheiro rival,
o supervisor indolente,
o funcionário desordeiro.

Na vida social,
é o amigo invejoso,
o homem devasso,
a mulher leviana,
o profissional desonesto,
o delinquente cruel.

Na escola,
é o diretor ganancioso,
o professor relapso,
o aluno desinteressado,
o inspetor arrogante,
o bedel enganador.

No meio religioso,
é o líder indigno,
o adepto infiel,
o pregador sem exemplo,
o comentarista fanático,
o dirigente rancoroso.

ò●

No mundo material, os maus se misturam aos bons e tentam desvirtuar os que lutam pela renovação íntima. Se você já compreende o Evangelho, o melhor que faz é manter o esforço de transformação moral e dar a eles o exemplo do bem.

216

MAIS FORÇA

Questões 282 a 284

Não faça uso da santidade de superfície. Encare a imperfeição e renove-se com o Evangelho.

૨ે

É nervoso?
Assuma.
E experimente a calma.

É egoísta?
Não recuse.
E prove a fraternidade.

É arrogante?
Admita.
E tente a humildade.

É sovina?
Não rejeite.
E busque o desapego.

É vacilante?
Aceite.
E exercite a firmeza.

É mesquinho?
Não negue.
E viva a generosidade.

É vaidoso?
Reconheça.
E alcance a modéstia.

É impaciente?
Não esconda.
E recorra à tolerância.

É afoito?
Confesse.
E cultive o bom senso.

É indiferente?
Não encubra.
E procure a bondade.

ꙮ

Não espere a condição de Espírito para se mostrar como realmente é. Seja você mesmo, em qualquer circunstância, pois quanto mais enxergar sua realidade imperfeita, mais força terá para conquistar a transformação moral.

217
CONVIVÊNCIA ESPIRITUAL

Questões 285 a 288

Veja como anda sua renovação íntima. Você ainda se demora no mal ou já anseia pelo bem?

≈

Pragueja
ou abençoa?

Ajuda
ou se esconde?

Estuda
ou se nega?

Trabalha
ou se acomoda?

Revolta-se
ou se conforma?

Descrê
ou confia?

Aflige-se
ou se resigna?

Agride
ou respeita?

Prejudica
ou ampara?

Vinga-se
ou perdoa?

Despreza
ou ama?

Mente
ou diz a verdade?

ஐ

    Não descuide da transformação moral, na certeza de que, após a morte do corpo, sua realidade interior é que vai ditar seu ambiente de convivência espiritual.

218

SEM EMBARAÇO

Questões 289 e 290

O regresso à vida espiritual e a convivência dos Espíritos têm alguma semelhança com o que ocorre durante a experiência no corpo físico.

ત્ર

Amigos viajam.
Optam pelo navio.
Atravessam oceanos.
Moram no estrangeiro.
Cumprem obrigações.
Depois, voltam.
Você é amigo.
Vai recebê-los.
Ampara na chegada.
Convivem, se puderem.

Parentes se despedem.
Escolhem o avião.
Cortam o espaço.
Visitam continentes.
Realizam tarefas.
Depois, retornam.
Você é parente.
Espera por eles.
Apoia no desembarque.
Ficam juntos, se afins.

Companheiros se vão.
Embarcam em trem.
Percorrem longas terras.
Chegam a vários países.
Trabalham ou estudam.
Depois, regressam.
Você é companheiro.
Aguarda por eles.
Ajuda com a bagagem.
Agrupam-se, se possível.

ટ&

Siga as lições de Jesus e melhore seu interior, a fim de que, mais tarde, no regresso ao mundo espiritual, você esteja na companhia dos bons e não tenha embaraço na alfândega da transformação moral.

219
DESDE JÁ

Questões 291 a 295

Cuide logo de suas relações conflituosas.

⁂

Antipatia?
Não conserve.
Elimine.
Seja amável.

Competição?
Não tenha.
Coopere.
Seja solidário.

Ofensa?
Não ligue.
Desculpe.
Seja indulgente.

Mal-entendido?
Não rumine.
Desfaça.
Seja tolerante.

Reconciliação?
Não se negue.
Aceite.
Seja sensato.

Ódio?
Não guarde.
Abandone.
Seja amorável.

Agressão?
Não prejudique.
Ajude.
Seja fraterno.

ૡ

Fortaleça sempre os relacionamentos afins e resolva, desde já, os conflitos afetivos, certo de que você vai encontrar no mundo espiritual os sentimentos que cultivar no mundo físico.

220
AFEIÇÕES DURADOURAS

Questões 296 e 297

Verifique qual é seu interesse nas ligações afetivas.

૨૦

É sexo?
Mas o sexo fraqueja.
E acaba.

É capricho?
Mas o capricho é fugidio.
E escapa.

É beleza?
Mas a beleza envelhece.
E some.

É fortuna?
Mas a fortuna é volúvel.
E foge.

É vantagem?
Mas a vantagem diminui.
E desilude.

É cobiça?
Mas a cobiça é calculista.
E abandona.

É posição?
Mas a posição vacila.
E muda.

É vaidade?
Mas a vaidade é esperta.
E se aventura.

※

Analise com cuidado o móvel de suas ligações afetivas, na certeza de que, em qualquer tempo, na experiência física e no mundo espiritual, as afeições duradouras são aquelas que nascem da sinceridade pura e da verdadeira simpatia.

221
METADES ETERNAS

Questões 298 e 299

Metade eterna, em qualquer circunstância, é força de expressão.

෴

Existe o átomo.
Léptons e bárions.
Elétrons e pósitrons.
Prótons e nêutrons.
Não é a metade.
É ele integral.

Existe a célula.
Citoplasma e núcleo.
Membranas e organelas.
Cromossomos e genes.
Não é a metade.
É ela completa.

Existe a planta.
Raízes e caule.
Ramos e folhas.
Frutas e sementes.
Não é a metade.
É ela inteira.

Existe o animal.
Instinto e faro.
Presas e força.
Patas e agilidade.
Não é a metade.
É ele total.

Existe o homem.
Cabeça e mente.
Braços e pernas.
Órgãos e vísceras.
Não é a metade.
É ele acabado.

෴

Não há metade eterna na Criação Divina. Existe o Espírito com energia e evolução, conhecimento e afeto, aprendizado e conquista. Não é a metade. É ele mesmo e, quando atinge a perfeição, tem o amor universal que ama a todos sem qualquer exclusividade.

222
UNIÕES DEFINITIVAS

Questões 300 a 302

As uniões se diversificam na trajetória evolutiva.

🙤

Você tem a esposa.
Dá-se bem com ela.
A simpatia é perfeita.
Ama e é amado.
A união é feliz.
Mas a evolução continua.
Outras uniões surgem.
E você dilata o amor.

Você tem o filho.
Convivem bem.
A afinidade existe.
Há reciprocidade.

A relação é boa.
Mas a evolução exige.
Outras relações ocorrem.
E você amplia o afeto.

Você tem o amigo.
São afins.
Os instintos se assemelham.
As tendências são concordes.
O contato é positivo.
Mas a evolução prossegue.
Outros contatos acontecem.
E você expande a amizade.

※

Não há uniões definitivas no percurso da evolução. Elas só existem no patamar da perfeição, quando o amor é universal e os Espíritos amam sem paixão e se unem uns aos outros sem qualquer preferência.

223
SIMPATIA

Questão 303

Veja você mesmo como a preguiça destrói a simpatia.

ð

Você está no lar.
Existe afinidade.
Tem a família.
Mas não trabalha.
Cria dificuldades.
E surge a discussão.

Você está na escola.
Existe amizade.
Tem colegas.
Lições e trabalhos.
Mas não participa.
E acontece o atrito.

Você está no serviço.
Existe afabilidade.
Tem superiores.
Obrigações e horário.
Mas foge à disciplina.
E vem o desacordo.

Você está no grupo.
Existe reciprocidade.
Tem companheiros.
Tarefas de auxílio.
Mas não colabora.
E nasce a aversão.

෴

Aquele que se esforça na renovação íntima constrói, a cada passo, novas relações simpáticas. Contudo, o Espírito preguiçoso, que não se empenha no autoaperfeiçoamento, joga fora até mesmo a simpatia conquistada, dificultando o próprio caminho.

224
LEMBRANÇAS

Questões 304 a 308

Escolha a solução do bem para qualquer dificuldade.

ૐ

Ofensa?
É esquecimento.

Egoísmo?
É fraternidade.

Agressão?
É desculpa.

Crítica?
É tolerância.

Enfermidade?
É paciência.

Fracasso?
É aprendizado.

Hipocrisia?
É franqueza.

Orgulho?
É humildade.

Mágoa?
É perdão.

Ciúme?
É confiança.

Antipatia?
É compreensão.

Indiferença?
É caridade.

ತಾ

Mantenha o compromisso com as lições de Jesus e faça a renovação íntima, a fim de que, em qualquer tempo, na vida física ou no mundo espiritual, suas lembranças não sejam motivo de sofrimento e vergonha.

225
NO MAIS ALÉM

Questões 309 a 311

Atente nestas situações que ocorrem no cotidiano.

෴

Você está lendo.
A vista embaralha.
Precisa de correção.
Utiliza óculos.
Só para perto.
Mas o tempo passa.
A leitura acaba.
As lentes já não servem.
Você tira os óculos.
E não se preocupa mais.

Você está no inverno.
Estação gelada.
Precisa de proteção.
Veste o agasalho.
Lã pesada.
Mas o tempo muda.
O frio acaba.
A lã já não tem serventia.
Você larga o agasalho.
E não se preocupa mais.

Você está em viagem.
Distância longa.
Precisa de transporte.
Pega o avião.
Acomoda-se nele.
Mas o tempo voa.
A viagem acaba.
O transporte já não serve.
Você sai do avião.
E não se preocupa mais.

ಌ

É fácil, pois, entender a razão pela qual, no mais além, aquele que tem a consciência em paz não se liga às coisas materiais. O Espírito tem a missão. Precisa da matéria. Reencarna. Vive no corpo físico. Cumpre a tarefa. Mas o tempo vence. A missão acaba. A matéria já não é útil. Ele abandona o corpo. E não se preocupa mais.

226
FELICIDADE AUTÊNTICA

Questões 312 e 313

Reaja com bom senso à situação difícil.

Enfermidade?
Calma.

Separação?
Entenda.

Ofensa?
Tolere.

Decepção?
Ignore.

Perda?
Confie.

Necessidade?
Trabalhe.

Agressão?
Esqueça.

Fracasso?
Recomece.

Desprezo?
Aguente.

Desilusão?
Espere.

Prejuízo?
Aprenda.

Humilhação?
Controle-se.

૨૦

Na existência física, garanta o equilíbrio perante o sofrimento e a certeza quanto à transitoriedade do prazer material, a fim de que, na vida maior, você possa usufruir a felicidade autêntica, que nasce da consciência em paz, comprometida com o bem.

227
INSTRUMENTO DO BEM

Questões 314 a 316

O trabalho útil, que se traduz no bem em favor de todos,

>enobrece
>e prepara,
>
>ajuda
>e edifica,
>
>esclarece
>e incentiva,
>
>apoia
>e organiza,
>
>disciplina
>e norteia,

instrui
e fortalece,

desbrava
e realiza,

equilibra
e pacifica,

sustenta
e conforta,

pesquisa
e descobre,

soluciona
e liberta,

eleva
e engrandece.

ಞ

Qualquer que seja sua posição na trajetória evolutiva, não se afaste nunca da atividade útil, na certeza de que o trabalho digno, por mais simples e humilde, é sempre instrumento do bem.

228
COMPROMISSO

Questões 317 a 319

Não espere a morte do corpo para modificar opiniões e atitudes.

Indiferença?
Seja generoso.

Egoísmo?
Cultive a caridade.

Irritação?
Tenha paciência.

Impertinência?
Exercite a tolerância.

Aflição?
Sossegue o interior.

Inveja?
Adote a solidariedade.

Ciúme?
Restaure a confiança.

Conflito?
Use a pacificação.

Desânimo?
Fortaleça a fé.

Vingança?
Adote o perdão.

Arrogância?
Tente a humildade.

Avareza?
Treine o desapego.

Mentira?
Assuma a verdade.

Mágoa?
Experimente o amor.

Faça das lições do Evangelho um compromisso de consciência, na certeza de que somente a renovação íntima com Jesus pode trazer paz a você, agora e na vida espiritual.

229
IMPORTÂNCIA

Questões 320 a 324

Verifique o que realmente importa no relacionamento sincero.

≥●

A forma,
a aparência
ou o conteúdo?

A palavra,
o enfeite
ou a ideia?

A presença,
a obrigação
ou o afeto?

A homenagem,
o elogio
ou a franqueza?

O discurso,
o aplauso
ou a lealdade?

A indiferença,
o esquecimento
ou a lembrança?

O local,
a data
ou o respeito?

A visita,
a formalidade
ou a afeição?

※

 Ao se lembrar daqueles que já atravessaram a fronteira do túmulo, fique certo da importância do sentimento autêntico, pois vale mais a emoção no segredo da intimidade do que a arenga lisonjeira na praça pública.

230
ENTERRO MORAL

Questões 325 a 329

Verifique se estas atitudes fazem parte de sua vida.

Ódio.
E vingança.

Inveja.
E agressão.

Ciúme.
E violência.

Egoísmo.
E frieza.

Insolência.
E opressão.

Irritação.
E cólera.

Orgulho.
E desprezo.

Hipocrisia.
E mentira.

Falsidade.
E intriga.

Injustiça.
E avareza.

Despeito.
E leviandade.

Trapaça.
E desonra.

Discórdia.
E desunião.

&

Se tais situações acompanham-lhe os passos na trajetória evolutiva, é certo que você está morto para o bem e, durante todo o tempo, assiste a seu enterro moral.

Mundo Espírita ou dos Espíritos

Capítulo VII

Retorno à vida corporal

231
Processos

Questões 330 a 333

A matéria passa por processos, sem deixar de ser a essência que é.

❧

O ouro existe como é.
Vem da ganga.
Vai para o ourives.
Torna-se a joia.
Ela cumpre a função.
Depois, desgasta-se.
Volta à oficina.
É derretida.
O ouro se liberta.
É o que sempre foi.

A borracha existe como é.
Vem da Natureza.
Vai para a indústria.
Torna-se o pneu.
Ele cumpre a função.
Depois, desgasta-se.
Volta à fábrica.
É reciclado.
A borracha se liberta.
É o que sempre foi.

O ferro existe como é.
Vem do minério.
Vai para a usina.
Torna-se a liga.
Ela cumpre a função.
Depois, desgasta-se.
Volta para o forno.
É refundida.
O ferro se liberta.
É o que sempre foi.

೭೪

A reencarnação e a morte são processos que se assemelham a estas situações do estado material. O Espírito existe como é. Vem do Universo. Vai para a encarnação. Fica no corpo. Ele cumpre a missão. Depois, desgasta-se. A matéria se altera. Morre e se decompõe. O Espírito se liberta. É o que sempre foi.

232
SEU CORPO

Questões 334 a 338

O corpo que você tem é o que lhe serve na reencarnação.

ತಿ

Tem doença?
É resgate do pretérito.

Está sadio?
É crédito no presente.

Tem problemas?
É teste de paciência.

Está forte?
É convite ao trabalho.

Tem beleza?
É prova da tentação.

Está feio?
É capa contra o abuso.

Tem movimento?
É oportunidade de ação.

Está paralítico?
É reflexo do passado.

Tem lucidez?
É responsabilidade já.

Está deficiente?
É defesa contra o erro.

ಌ

Qualquer que seja o corpo que a Bondade Divina lhe conceda na existência física, siga em frente nos caminhos do bem, certo de que ele é importante instrumento da evolução e, ao invés de queixas e desprezo, merece consideração e respeito.

233
Risco maior

Questões 339 a 341

A reencarnação é travessia que tem seus perigos. Muitos deles, porém, residem no Espírito reencarnado. É a inferioridade que persiste.

❧

O egoísmo
   que ameaça a caridade.

A indisciplina
   que perturba o trabalho.

A descrença
   que afasta a iniciativa.

O orgulho
   que assedia a humildade.

A violência
    que aniquila a brandura.

A irritação
    que asfixia a calma.

A mesquinhez
    que destrói a fraternidade.

A tibieza
    que enfraquece a coragem.

O ciúme
    que consome a confiança.

O ódio
    que turva o sentimento.

A inveja
    que elimina a solidariedade.

A hipocrisia
    que embaça o discernimento.

A vaidade
    que interfere no bom senso.

೩⬥

É claro que as provas materiais são sempre arriscadas. Contudo, o risco maior na reencarnação é o desprezo do Espírito à sua transformação moral.

234
AMIGO

Questões 342 e 343

Seja amigo de quem espera de você o gesto de bondade.

ॐ

    Do doente
        que pede o remédio.

    Do infeliz
        que precisa de apoio.

    Do faminto
        que suplica o pão.

    Da criança
        que cai na orfandade.

Da mãe
  que se mostra aflita.

Do idoso
  que vive na solidão.

Da família
  que padece o frio.

Do jovem
  que se sente excluído.

Do familiar
  que reclama atenção.

Do parente
  que roga o auxílio.

Do mendigo
  que bate à porta.

Do irmão
  que chora de dor.

❧

Atenda, pois, aos ensinamentos de Jesus e ame o próximo como a si mesmo, estagiando na esfera da afeição, a fim de que, na hora mais difícil, você tenha também, em seu caminho, a presença amorável do bom amigo.

235
NÃO RECUE

Questões 344 e 345

O objetivo da reencarnação é

    o trabalho
    e o progresso,

    a disciplina
    e a ordem,

    a paz
    e a harmonia,

    o aprendizado
    e a evolução,

    o bom senso
    e o discernimento,

a coragem
e a provação,

a persistência
e a conquista,

o raciocínio
e o conhecimento,

o esforço
e a renovação,

a experiência
e a maturidade,

o retorno
e o reparo,

a prova
e o resgate,

o reencontro
e a reconciliação.

꽃

Não recue, pois, dos compromissos assumidos no renascimento, certo de que a vivência no corpo físico é a oportunidade que Deus lhe oferece para resolver, dentro do possível, suas pendências com a Lei Divina.

236
VALORIZE

Questões 346 a 350

Não desperdice a oportunidade do renascimento.

> ❧

Estude
com proveito.

Trabalhe
com disciplina.

Raciocine
com bom senso.

Decida
com critério.

Aja
com moderação.

Siga
com otimismo.

Fale
com sinceridade.

Conviva
com tolerância.

Sofra
com resignação.

Progrida
com honradez.

Ouça
com paciência.

Ajude
com bondade.

Viva
com amor.

ଛ

  Valorize, pois, a reencarnação, na certeza de que o nascimento é o final de uma etapa com marcante presença do Alto e o princípio de um compromisso, cuja responsabilidade pertence inteiramente a você.

237

FACULDADES

Questões 351 e 352

Coloque suas faculdades a serviço do bem.

Pensamento?
Cultive.
Com boa intenção.

Ideias?
Aplique.
No que seja útil.

Memória?
Guarde.
Com bom intuito.

Atenção?
Mantenha.
No que edifique.

Inteligência?
Utilize.
Com fim elevado.

Audição?
Atente.
No que enobreça.

Atitude?
Assuma.
Com bom senso.

Vista?
Enxergue.
Na direção certa.

Linguagem?
Use.
Com distinção.

Discernimento?
Conserve.
Na vida inteira.

Sentimento?
Exerça.
Com sinceridade.

Ao recobrar, no corpo, as faculdades do Espírito, faça delas uso digno, a fim de que, mais tarde, no retorno ao mundo espiritual, você não tenha do que se lamentar.

238
Renascer

Questões 353 a 356

Você renasceu para a vida no corpo. Participe dela com dignidade.

Dor?
Alivie-se.
E siga adiante.

Desânimo?
Afaste.
E prossiga.

Preguiça?
Elimine.
E trabalhe.

Revolta?
Extinga.
E compreenda.

Desespero?
Supere.
E confie.

Indiferença?
Expulse.
E confraternize.

Egoísmo?
Corte.
E ajude.

Vingança?
Abandone.
E perdoe.

Violência?
Desista.
E pacifique.

Orgulho?
Exclua.
E transforme-se.

Vaidade?
Afugente.
E seja simples.

Ódio?
Renegue.
E ame sem condições.

Renascer para a experiência física é compromisso com a transformação moral. Se a reencarnação não lhe serve para melhorar o Espírito, então você caminha para a morte sem ter entendido a vida.

239
ABORTO

Questões 357 a 360

Ainda que sem intenção, não seja a causa de qualquer tipo de aborto.

૨૱

Esposa grávida.
Precisa de amparo.
Marido leviano.
Não dá atenção.
A criança morre.
É aborto.

Gestação avançada.
Precisa de apoio.
Mãe irresponsável.
Abusos e vícios.
A criança morre.
É aborto.

Gravidez no início.
Precisa de socorro.
Mulher na miséria.
Ninguém auxilia.
A criança morre.
É aborto.

Embrião em perigo.
Precisa de segurança.
Pai indiferente.
Foge à obrigação.
A criança morre.
É aborto.

Feto a termo.
Precisa de assistência.
Médico desatencioso.
Não atende a tempo.
A criança morre.
É aborto.

ಌ

Diante da vida que surge, mobilize todos os recursos do amor e da caridade para mantê-la, pois qualquer atitude, ativa ou passiva, que a coloque em risco, por mais disfarçada que seja, é sempre uma atitude sujeita às sanções da Lei Divina.

240

INSTRUMENTO

Questões 361 a 366

Em todas as circunstâncias, o instrumento realiza o que o agente determina.

෨෴

O piano tem o som.
A música acontece.
Melodiosa ou não.
É o pianista quem toca.

O automóvel é moderno.
Percorre ruas e estradas.
Com atenção ou descuido.
É o motorista quem dirige.

A máquina é precisa.
Registra o cenário.
Pacífico ou violento.
É o fotógrafo quem diz.

O cinzel talha a pedra.
A figura vai surgindo.
Perfeita ou defeituosa.
É o escultor quem faz.

O pincel espalha a tinta.
A tela fixa a paisagem.
Iluminada ou sombria.
É o pintor quem resolve.

A filmadora se movimenta.
Capta o detalhe da cena.
Sublime ou deprimente.
É o cineasta quem decide.

A tesoura corta o tecido.
A costura termina a roupa.
Formosa ou desagradável.
É o estilista quem desenha.

As letras se agrupam.
Frases formam o livro.
Nobre ou medíocre.
É o escritor quem redige.

૨૭

A experiência física é estágio transitório do processo evolutivo, e o envoltório material é apenas instrumento. Você reencarna. Tem boas ou más atitudes. O corpo só obedece. O Espírito é quem manda.

241
UTENSÍLIO

Questões 367 e 368

Há utensílios que facilitam a vida diária, mas têm inconvenientes.

ಌ

Óculos de sol.
Cobrem os olhos.
Atenuam a claridade.
Impedem a luz forte.
Mas alteram a visão.

Roupa de inverno.
Lã grossa e pesada.
Agasalho eficiente.
Defende do frio.
Mas tolhe o corpo.

Luvas de trabalho.
Material resistente.
Vestem as mãos.
Evitam ferimentos.
Mas dificultam o tato.

Capacete de trânsito.
Objeto de segurança.
Envolve a cabeça.
Protege no acidente.
Mas esconde o rosto.

Protetor de ouvido.
Uso em serviço.
Tapa as orelhas.
Abafa os ruídos.
Mas tira a audição.

ಌ

Da mesma forma, o organismo espiritual aproveita a matéria como utensílio grosseiro, para cumprir na esfera física as provas necessárias ao autoaperfeiçoamento.

Acontece o renascimento. O corpo é o veículo. Serve à finalidade. Mas traz prejuízo à livre manifestação das faculdades do Espírito.

242

FERRAMENTAS

Questões 369 e 370

Ferramentas não trabalham por si mesmas, mas atendem à vontade do trabalhador.

઺

Martelo e bigorna.
Conservados ou não.
Não agem por si.
Quem age é o ferreiro.

Serrote e enxó.
Afiados ou não.
Não cortam por si.
Quem corta é o carpinteiro.

Lixa e plaina.
Novas ou não.
Não alisam por si.
Quem alisa é o marceneiro.

Tesoura e agulha.
Usadas ou não.
Não costuram por si.
Quem costura é o alfaiate.

Caneta e papel.
Disponíveis ou não.
Não escrevem por si.
Quem escreve é a pessoa.

Piano e violino.
Afinados ou não.
Não tocam por si.
Quem toca é o músico.

ಎ

Órgãos materiais também são ferramentas durante a reencarnação. Corpo e mente. Perfeitos ou não. Não atuam por si. Quem atua é o Espírito.

243
Deficiência

Questões 371 a 374

Você pode verificar estas situações nos acontecimentos de cada dia.

❧

O pincel é ruim,
    mas o pintor é exímio.

O veículo rateia,
    mas o chofer é capaz.

O som é entrecortado,
    mas o locutor é firme.

O microfone falha,
    mas o cantor é afinado.

A vassoura é frágil,
    mas o varredor é apto.

O fogão não ajuda,
    mas o cozinheiro é bom.

A ferramenta é fraca,
    mas o mecânico é hábil.

A caneta não auxilia,
    mas o escritor é rápido.

O recurso é escasso,
    mas o médico é perito.

A bomba não funciona,
    mas o bombeiro é eficaz.

※

Da mesma forma que o meio impróprio não revela a realidade de quem o usa, o corpo deficiente não significa que o Espírito nele reencarnado também o seja.

244
Desequilíbrio

Questões 375 a 378

Evite as atitudes que levam ao desequilíbrio da convivência diária.

ॐ

O egoísmo.
Que isola.

A vaidade.
Que distancia.

O orgulho.
Que despreza.

A hipocrisia.
Que engana.

A violência.
Que brutaliza.

A avareza.
Que atormenta.

A intolerância.
Que dificulta.

O ciúme.
Que tortura.

A inveja.
Que agride.

A prepotência.
Que humilha.

A intriga.
Que afasta.

O ódio.
Que separa.

❧

O desequilíbrio da mente é expiação imposta ao Espírito na vida material. Contudo, tenha a certeza de que a pior loucura é aquela que você pode evitar e não evita.

245
REAÇÕES INFANTIS

Questões 379 a 384

Não mantenha reações infantis frente às dificuldades do caminho.

Frustração?
Não emburre.
Contorne.

Lazer?
Não abuse.
Dose.

Dever?
Não refugue.
Assuma.

Trabalho?
Não fuja.
Aceite.

Capricho?
Não cultive.
Afaste.

Birra?
Não dê.
Dialogue.

Exigência?
Não faça.
Entenda.

Medo?
Não tenha.
Confie.

Estudo?
Não recuse.
Aprenda.

Problema?
Não se aflija.
Resolva.

ಌ

Na reencarnação, a infância é necessária, mas passa. Não aja, pois, como criança, quando a vida lhe pede que seja adulto.

246
INFÂNCIA

Questão 385

Conheça o efeito de sua atitude perante a criança.

≥&

Colérico?
É veneno.
Calmo?
É remédio.

Invejoso?
É derrota.
Solidário?
É vitória.

Egoísta?
É desastre.
Caridoso?
É êxito.

Inerte?
É perda.
Ativo?
É ganho.

Ocioso?
É erro.
Diligente?
É acerto.

Arrogante?
É tirania.
Humilde?
É abertura.

Vaidoso?
É distância.
Modesto?
É proximidade.

Odiento?
É guerra.
Amoroso?
É paz.

ઠ

Tenha todo o cuidado no relacionamento com a infância, pois ela é página em branco no livro da reencarnação, no qual você vai escrever o exemplo do bem ou o convite para o mal.

247

COM SIMPATIA

Questões 386 a 388

Aja com simpatia em qualquer circunstância.

ે⋒

       Na escola.
       Seja colega.
       Não ironize.

       No trabalho.
       Seja leal.
       Não se omita.

       No casamento.
       Seja amigo.
       Não torture.

Na família.
Seja solidário.
Não se ausente.

Na competição.
Seja humilde.
Não humilhe.

Na vitória.
Seja modesto.
Não se gabe.

Na assistência.
Seja fraterno.
Não atrapalhe.

No clube.
Seja cordial.
Não se isole.

Na doença.
Seja tolerante.
Não reclame.

No convívio.
Seja paciente.
Não se zangue.

❧

A simpatia nasce do entendimento recíproco e o bom entendedor é aquele que entende e não exige ser entendido.

248
ANTIPATIA

Questões 389 a 391

Pergunte a si mesmo se você é antipático em alguma situação.

❧

Em casa.
É birrento?

Na união.
É egoísta?

Na família.
É irritante?

No trabalho.
É invejoso?

No grupo.
É ranzinza?

Na escola.
É insolente?

No clube.
É irônico?

No debate.
É teimoso?

Na conversa.
É querelante?

Na reunião.
É repetitivo?

Na festa.
É amuado?

Na chefia.
É arrogante?

No bairro.
É provocador?

ઝ

 Se sua conduta é motivo de antipatia no convívio diário, fique certo de que está passando da hora de você apressar a transformação moral.

249

Lembrança do passado

Questão 392

Não guarde na memória o acontecimento infeliz de qualquer época.

ತು

Briga conjugal.
Esqueça.
Seja paciente.
É melhor.

Conflito familiar.
Não lembre.
Seja calmo.
É mais fácil.

Discussão na rua.
Apague.
Seja pacífico.
É conveniente.

Crise no serviço.
Não recorde.
Seja amigo.
É saudável.

Atrito no grupo.
Olvide.
Seja solidário.
É mais fraterno.

Confusão no lar.
Afaste.
Seja tolerante.
É preferível.

ଛ

Se na existência atual a recordação do fato desagradável é nociva à convivência harmoniosa, o mesmo acontece em relação à lembrança das vidas passadas, pois o que importa não é o desastre de ontem, mas a disposição de acertar agora.

250
ADVERTÊNCIA

Questões 393 e 394

A voz de sua consciência adverte que:

    o ódio –
    não resolve;

    a esperteza –
    não edifica;

    a raiva –
    não adianta;

    o orgulho –
    não constrói;

    o egoísmo –
    não acolhe;

o ciúme –
não acalma;

a inveja –
não eleva;

a agressão –
não une;

o desprezo –
não ajuda;

a vingança –
não soluciona;

a hipocrisia –
não melhora;

a avareza –
não convém;

a intolerância –
não aproxima;

a maldade –
não vale a pena.

ಌ

Contudo, se algumas destas situações ainda fazem parte de sua vivência diária, então você não precisa se preocupar com a lembrança do passado, pois ele está se repetindo com toda a força em sua vida presente.

251

IMAGINAÇÃO

Questões 395 a 397

Há ilusões a respeito de existências anteriores que são disfarces à situação incômoda dos dias de hoje.

> Esnobe social.
> Vive no luxo.
> Não tem posses.
> A explicação?
> É o príncipe.
> De vidas passadas.
>
> Chefe de serviço.
> Tipo autoritário.
> Provoca mal-estar.
> A desculpa?
> É o poderoso.
> De outros tempos.

Amigo colérico.
Caráter belicoso.
Gera conflitos.
A razão?
É o guerreiro.
Da idade antiga.

Pessoa instável.
Não tem morada.
Muda sempre.
O motivo?
É o nômade.
De priscas eras.

Marido tirânico.
Verbo implacável.
Exige obediência.
O por quê?
É o nobre rígido.
Da época feudal.

ઠ⋆

Estas situações que nascem da imaginação superexcitada são fugas a um suposto passado, para esconder o fracasso da renovação íntima, no presente.

252
TENDÊNCIAS

Questões 398 e 399

Você tem a tendência de fazer, mas não faz;

agredir,
    mas não agride;

caluniar,
    mas não calunia;

gritar,
    mas não grita;

fingir,
    mas não finge;

ofender,
    mas não ofende;

enganar,
    mas não engana;

oprimir,
    mas não oprime;

desprezar,
    mas não despreza;

destruir,
    mas não destrói;

prejudicar,
    mas não prejudica;

humilhar,
    mas não humilha;

explorar,
    mas não explora;

odiar,
    mas não odeia.

ઠ૱

Você tende a agir, mas impede a ação. O impedimento é a transformação moral no presente. A tendência, a atitude infeliz no passado.

Mundo Espírita ou dos Espíritos

Capítulo VIII

Emancipação da alma

253
NÃO ESPERE

Questões 400 e 401

Não espere as horas de sono para se libertar das exigências do corpo.

ತಿ

Fome?
Coma.
Sem gulodice.

Sede?
Resolva.
Com equilíbrio.

Cansaço?
Descanse.
Sem exagero.

Exercício?
Faça.
Com método.

Beleza?
Conserve.
Sem obsessão.

Físico?
Cultive.
Com prudência.

Saúde?
Cuide.
Sem hipocondria.

Sexo?
Pratique.
Com respeito.

Cosmético?
Utilize.
Sem excesso.

Elegância?
Mantenha.
Com sensatez.

ઠ્ર

 Atenda aos reclamos do organismo físico, valorizando a renovação íntima, na certeza de que o corpo merece toda a consideração, mas é o Espírito que é a própria vida a caminho da imortalidade.

254
SONHOS

Questões 402 e 403

Faça da transformação moral a garantia de que seus encontros espirituais sejam dignos e elevados.

∞

Evite o conflito.
Violência é dor.

Fique calmo.
Irritação é perda.

Ajude o próximo.
Egoísmo é treva.

Aja com humildade.
Orgulho é doença.

Fale a verdade.
Mentira é traição.

Seja correto.
Esperteza é queda.

Tenha esperança.
Aflição é transtorno.

Cultive a fé.
Descrença é abismo.

Use a resignação.
Revolta é armadilha.

Perdoe a falta.
Vingança é engano.

Busque a modéstia.
Vaidade é desastre.

Viva com amor.
Ódio é morte.

༄

Enquanto nas atividades da vigília, valorize a renovação íntima, a fim de que, durante o repouso do corpo, seus sonhos não se transformem em pesadelos.

255
SONHO PESSOAL

Questões 404 e 405

Transforme seus sonhos durante a vigília em realidades permanentes.

੩‱

Diploma?
Batalhe.
E receba.

Viagem?
Planeje.
E faça.

Casamento?
Prepare-se.
E realize.

Profissão?
Escolha.
E trabalhe.

Emprego?
Lute.
E conquiste.

Universidade?
Estude.
E entre.

Moradia?
Projete.
E consiga.

Oportunidade?
Procure.
E encontre.

Promoção?
Esforce-se.
E alcance.

❧

Os sonhos que ocorrem durante o repouso físico são situações especiais para o Espírito liberto do corpo, mas nem sempre se concretizam na realidade material. Contudo, aquele sonho de realização pessoal, acalentado na vida diária, este sim, depende de você para acontecer ou não.

256
SONHO E REALIDADE

Questões 406 a 412

Não deixe que a imaginação interfira nos acontecimentos da realidade. É conteúdo do sonho? Não se influencie. Utilize a razão.

❧

É desastre?
Não se impressione.
Siga adiante.

É morte?
Não se assuste.
Continue vivendo.

É acidente?
Não acredite.
Prossiga o caminho.

É derrota?
Não se perturbe.
Planeje melhor.

É fracasso?
Não se desoriente.
Trabalhe mais.

É sucesso?
Não fantasie.
Realize o possível.

É vitória?
Não idealize.
Cumpra o dever.

É prestígio?
Não se torture.
Fique onde está.

୨⚫

As imagens do sonhador são reflexos fragmentários de experiências espirituais. Use, pois, o bom senso e não encare o sonho como mensagem de vida, na certeza de que você não deve confundir a liberdade do Espírito, fora do corpo durante o sono, com seu compromisso de viver na realidade.

257

Encontros espirituais

Questões 413 a 418

Estudo constante.

Trabalho honesto.

Sentimento nobre.

Conduta reta.

Atitude benevolente.

Verbo compreensivo.

Palavra solidária.

Abraço fraterno.

Conversa amável.

Resposta educada.

Apoio ao necessitado.

Amparo ao infeliz.

Gesto de paz.

Respeito à verdade.

Lealdade ao bem.

※

Tais atitudes, enquanto acordado, é a garantia mais certa de que, durante o sono, você terá encontros espirituais dignos e com proveito.

258

ONDAS MENTAIS

Questões 419 a 421

Cultive bons pensamentos em qualquer circunstância.

Em família.
Irradie confiança.

No trabalho.
Inspire respeito.

Na discussão.
Transmita paz.

Na incerteza.
Semeie segurança.

Na dificuldade.
Raciocine positivo.

Na doença.
Espalhe otimismo.

Na vitória.
Tenha humildade.

Na perda.
Pense equilibrado.

No poder.
Use o bom senso.

Em casa.
Plante fraternidade.

ઢ૰

Pensamentos são ondas mentais que se expandem e influenciam o meio à sua volta, de tal forma que as consequências do ato de pensar pertencem exclusivamente a você.

259
MORTE APARENTE

Questões 422 a 424

Não se afaste do bem durante a existência no corpo.

ಊ

Fome?
Ajude.
Não se esconda.

Nudez?
Agasalhe.
Não desconheça.

Doença?
Socorra.
Não se oculte.

Miséria?
Resolva.
Não se exima.

Orfandade?
Auxilie.
Não despreze.

Abandono?
Ampare.
Não se ausente.

Calamidade?
Coopere.
Não se omita.

ཞ

É natural que você busque conforto e alegria na vida, mas não se faça de morto diante da necessidade alheia.

260
SONÂMBULO

Questões 425 a 438

Não se aprisione no cárcere das próprias opiniões.

※

Não fale sozinho.
Ouça o companheiro.
A discussão é fácil.

Não viva isolado.
Encontre o amigo.
A convivência é boa.

Não aja solitário.
Busque cooperação.
A ação é conjunta.

Não resolva por si.
Consulte o grupo.
A decisão é solidária.

Não rejeite companhia.
Participe do meio.
O entrosamento é útil.

Não saia da família.
Tolere as diferenças.
A afinidade é conquista.

※

 Divida a experiência com os que partilhem de seu caminho, a fim de que você não se comporte como o sonâmbulo que se desliga da vigília e não faz parte do ambiente.

261
REALIDADE DO BEM

Questões 439 a 446

Não se deslumbre com as próprias possibilidades.

෴

Tem saúde?
Cuide-se.
E não abuse.

Tem inteligência?
Conserve.
E não se orgulhe.

Tem inspiração?
Aproveite.
E não se envaideça.

Tem talento?
Utilize.
E não se exiba.

Tem firmeza?
Mantenha.
E não se iluda.

Tem bondade?
Ajude.
E não se encante.

Tem fé?
Confie.
E não se fanatize.

Tem discernimento?
Dialogue.
E não se imponha.

ઠૄ

Faça sua renovação íntima, mas não transforme as conquistas morais em motivo de êxtase, na certeza de que as lições de Jesus são constantes apelos a que você permaneça na realidade do bem.

262
ENXERGUE

Questões 447 a 454

Enxergue além das aparências.

෯

Alguém caminha.
Mas existe dor.
Observe.
E alivie.

Alguém se diverte.
Mas existe doença.
Perceba.
E ajude.

Alguém trabalha.
Mas existe penúria.
Repare.
E auxilie.

Alguém sorri.
Mas existe perigo.
Note.
E proteja.

Alguém argumenta.
Mas existe erro.
Identifique.
E corrija.

Alguém reza.
Mas existe dúvida.
Analise.
E oriente.

Alguém passeia.
Mas existe mágoa.
Atente.
E ampare.

ぎ♣

Alguém disfarça, mas sofre. Tenha, pois, no coração, o amor ao próximo e veja que não é preciso ter dupla vista para saber que o irmão em necessidade espera pelo bem que existe em você.

263
FIDELIDADE

Questão 455

Tome o Evangelho como roteiro na atividade mediúnica.

※

Vaidade?
É veneno.

Modéstia?
É remédio.

Orgulho?
É prejuízo.

Humildade?
É ganho.

Ignorância?
É perigo.

Estudo?
É solução.

Privilégio?
É engano.

Prova?
É a realidade.

Vacilação?
É atraso.

Firmeza?
É progresso.

Cobrança?
É desvio.

Gratuidade?
É o correto.

Interesse próprio?
É erro.

Desprendimento?
É acerto.

❧

Se você tem tarefa na mediunidade, recorde que seu compromisso é com Jesus e que a fidelidade do médium ao bem depende necessariamente de sua transformação moral.

Mundo Espírita ou dos Espíritos

Capítulo IX

Intervenção dos Espíritos no mundo corporal

264
O IMPORTANTE

Questões 456 a 458

Examine o conteúdo do que você pensa e faz.

❧

Trabalho
   ou preguiça?

Ordem
   ou indisciplina?

Descrédito
   ou honradez?

Hipocrisia
   ou sinceridade?

Esperança
   ou desespero?

Vaidade
ou modéstia?

Avareza
ou desprendimento?

Orgulho
ou humildade?

Deserção
ou compromisso?

Egoísmo
ou fraternidade?

Confiança
ou dúvida?

Firmeza
ou vacilação?

Mentira
ou verdade?

Fé
ou descrença?

૨♣

Não importa se os Espíritos conheçam seus pensamentos e atitudes. O importante é o que a Lei Divina saiba a respeito de você.

265

INFLUÊNCIA INVISÍVEL

Questões 459 a 462

Perceba as influências que o atingem no mundo físico.

≥●

O estilista desenha.
Dita a moda.
Indica o tecido.
Recomenda a cor.
E você usa.

A loja anuncia.
Lança a promoção.
Propaga os bens.
Adianta facilidades.
E você compra.

O mestre leciona.
Diz o que pensa.
Ensina o que sabe.
Relaciona eventos.
E você aceita.

O autor pesquisa.
Publica o livro.
Conta a história.
Expõe ideias.
E você concorda.

O roteirista escreve.
O diretor faz o filme.
Atores interpretam.
Cenas se sucedem.
E você se convence.

O conferencista fala.
Enumera argumentos.
Desenvolve o tema.
Faz proselitismo.
E você adere.

ಞ

Não se surpreenda, pois, com as atuações do mundo invisível, na certeza de que o importante não é a influência espiritual, mas a atitude que você toma diante dela.

266
VOCÊ ESCOLHE

Questões 463 a 466

Analise sua escolha nas diversas circunstâncias.

❧

No trabalho:
disciplina
ou negligência?

No estudo:
dedicação
ou preguiça?

Na convivência:
solidariedade
ou competição?

No casamento:
respeito
ou leviandade?

Na amizade:
franqueza
ou hipocrisia?

Na família:
entendimento
ou conflito?

Na aflição:
confiança
ou desespero?

Na dificuldade:
persistência
ou desânimo?

No sofrimento:
equilíbrio
ou revolta?

Na fé:
lealdade
ou fanatismo?

ào

Siga as lições de Jesus e faça a escolha certa, ciente de que seu comportamento é que vai ditar a influência espiritual sobre você.

267
CLIMA DO BEM

Questões 467 a 469

Afaste as más influências praticando o bem.

❧

Ajude o outro.
A caridade é defesa.

Desculpe o erro.
O perdão enobrece.

Auxilie em casa.
O sentimento eleva.

Abrace o carente.
O apoio dignifica.

Ampare o fraco.
O socorro é mútuo.

Ore com o infeliz.
A prece fortalece.

Estimule o irmão.
O ânimo constrói.

Pacifique o meio.
A calma harmoniza.

Anime o derrotado.
A coragem edifica.

Ame sem condições.
O amor é bênção.

ଈ

 Viva no clima da fraternidade e confie sempre na Bondade Divina, certo de que o bem que você faz ao próximo é o bem que Deus faz a você.

268
DIGA NÃO

Questões 470 a 472

Recuse a sugestão infeliz e siga a ideia do bem.

૨૧

Agressão?
Não se vingue.
E perdoe.

Insucesso?
Não se desanime.
E recomece.

Dificuldade?
Não recue.
E prossiga.

Erro?
Não censure.
E desculpe.

Ofensa?
Não revide.
E esqueça.

Desprezo?
Não se magoe.
E ore.

Doença?
Não se revolte.
E resolva.

Perseguição?
Não odeie.
E adote o amor.

≈

Diga não à influência do mal e, amparado no Evangelho de Jesus, faça do bem o roteiro de vida.

269
DEFESA

Questões 473 e 474

Faça da transformação moral defesa contra a sugestão infeliz.

&

Inveja?
Não cultive.

Ofensa?
Releve.

Ciúme?
Não alimente.

Conflito?
Elimine.

Ironia?
Não faça.

Desrespeito?
Evite.

Mentira?
Não use.

Agressão?
Rejeite.

Impostura?
Não concorde.

Falsidade?
Refugue.

Avareza?
Não aceite.

Prepotência?
Desista.

Vaidade?
Não assuma.

Ódio?
Abandone.

ช่

Não coloque nos Espíritos imperfeitos o móvel de suas ações infelizes. É claro que a má influência existe por toda parte, mas só tem importância se você permitir.

270
OBSESSÃO

Questões 475 a 480

Elimine em você qualquer causa de atração aos Espíritos inferiores. A sugestão é inconveniente? Aja de tal modo que dificulte a influência.

፠

É vingança?
Não se ofenda.

É hipocrisia?
Não minta.

É esperteza?
Não engane.

É grosseria?
Não se irrite.

É orgulho?
Não humilhe.

É egoísmo?
Não se feche.

É vício?
Não imagine.

É preguiça?
Não fantasie.

É poder?
Não cobice.

É violência?
Não odeie.

❧

Livre-se da obsessão mentalizando o bem em seu caminho, a fim de que o Bem do Alto esteja sempre com você.

271
MEDIUNIDADE

Questões 481 a 483

Trate a mediunidade com o respeito que ela merece.

ಬ

Seja correto.
A honestidade é imprescindível.

Não escandalize.
A educação é fundamental.

Trabalhe.
A preguiça é conduta perniciosa.

Não comercie.
A gratuidade é uma exigência.

Apoie o sofredor.
O intercâmbio é canal do bem.

Não dramatize.
A comunicação não é teatro.

Mantenha a prudência.
Nenhum medianeiro é infalível.

Não ignore.
O estudo é segurança na tarefa.

Melhore-se.
A transformação moral protege.

Não se vanglorie.
Ser médium não é privilégio.

Tenha humildade.
O orgulho é abismo perigoso.

Não se envaideça.
A modéstia é garantia de defesa.

꒰ꕤ

Na Doutrina Espírita, a mediunidade é compromisso com o Evangelho, e se você não está disposto a seguir Jesus, assumindo o próprio calvário, então é melhor que não comece.

272
AFINIDADE ESPIRITUAL

Questões 484 a 488

Examine bem o que você é.

❧

É honesto
 e vive corretamente?

É caridoso
 e ajuda o próximo?

É calmo
 e não se encoleriza?

É benevolente
 e perdoa a ofensa?

É educado
 e não faz grosseria?

É solidário
e não nega apoio?

É fraterno
e entende o irmão?

É diligente
e age com honradez?

É modesto
e não se exibe?

É humilde
e não se impõe?

É otimista
e não se aflige à toa?

É confiante
e mantém o ânimo?

É resignado
e não se revolta?

É amoroso
e não odeia?

ಇಲ

Se a transformação moral lhe faz parte do caminho, fique certo de que o bem é sua afinidade espiritual, e você está sempre em boa companhia.

273
ESPÍRITO PROTETOR

Questões 489 a 494

Fique atento às intuições que lhe chegam do mundo espiritual. Se a ideia é o bem, não resista.

৽৶

Se é a tolerância,
não teime na impertinência.

Se é o trabalho,
não se acomode na preguiça.

Se é a caridade,
não fortaleça o egoísmo.

Se é a coragem,
não caia no desânimo.

Se é a esperança,
não se entregue à aflição.

Se é o desprendimento,
não se iluda com a avareza.

Se é a humildade,
não acredite no orgulho.

Se é a confiança,
não cultive a descrença.

Se é a calma,
não exacerbe o conflito.

Se é a fraternidade,
não se esconda no isolamento.

Se é o perdão,
não se atenha à vingança.

Se é a verdade,
não se ligue à hipocrisia.

Se é a paz,
não alimente a violência.

Se é a harmonia,
não mantenha a discórdia.

ఆ

Não desmereça o Espírito protetor que Deus lhe deu como anjo de guarda, na certeza de que o concurso dele é a garantia do bem sempre com você.

274
CONDUTA CERTA

Questões 495 a 500

Não troque a conduta certa pelas ilusões do caminho.

৶

Dinheiro?
Tenha cuidado.
Não desperdice.
Não esconda.
Use para o bem comum.

Poder?
Tenha consciência.
Não se imponha.
Não constranja.
Use para a paz de todos.

Prestígio?
Tenha prudência.
Não se envaideça.
Não despreze.
Use com honestidade.

Cultura?
Tenha sensatez.
Não guarde.
Não se exiba.
Use para proveito geral.

Talento?
Tenha modéstia.
Não se isole.
Não se orgulhe.
Use com bom senso.

઺

Conserve o esforço na renovação íntima para garantir a proteção espiritual, certo de que, agindo ao contrário, você faz a escolha errada e se entrega à influência dos Espíritos inferiores.

275
LIVRE-ARBÍTRIO

Questões 501 a 506

Você tem o livre-arbítrio para escolher o próprio caminho.

ತಿ

Prestigiar o bem
ou andar no mal.

Expressar o certo
ou fazer o errado.

Defender a verdade
ou espalhar a mentira.

Viver com humildade
ou manter o orgulho.

Agir com resignação
ou acolher a revolta.

Suportar com calma
ou explodir em cólera.

Atuar com sinceridade
ou adotar a hipocrisia.

Conservar a brandura
ou distribuir agressão.

Conquistar a paz
ou estimular o conflito.

Buscar o entendimento
ou levar ao desastre.

Falar com modéstia
ou exibir a vaidade.

Ter desprendimento
ou ficar na avareza.

Exercer a caridade
ou preferir o egoísmo.

૨૯

Tenha a certeza de que, em qualquer circunstância, existe sempre o amparo e a inspiração do protetor espiritual, mas é você quem decide o rumo a seguir.

276
Espíritos familiares

Questões 507 a 510

Conte com a ajuda dos familiares que já estão no mundo espiritual, mas não se esqueça das limitações deles.

❧

Amparam.
Com a força que possuem.

Esclarecem.
Com o saber que alcançam.

Ajudam.
Com a firmeza que mantêm.

Orientam.
Com a luz que entesouram.

Protegem.
Com a defesa que adquirem.

Atendem.
Com a liberdade disponível.

Consolam.
Com o afeto que cultivam.

Advertem.
Com o juízo que conservam.

Encorajam.
Com o estímulo que retêm.

Acodem.
Com restrições ainda.

ಌ

Receba com alegria o apoio dos Espíritos familiares, mas entenda que eles são amigos da família e não Espíritos protetores.

277
ESPÍRITOS SIMPÁTICOS

Questões 511 a 514

É sua conduta que dirá quais são os Espíritos que simpatizam com você.

É de paz?
São os pacíficos.

É de briga?
São os violentos.

É paciente?
São os calmos.

É irritado?
São os coléricos.

É resignado?
São os estoicos.

É revoltado?
São os rebeldes.

É fraterno?
São os solidários.

É mentiroso?
São os hipócritas.

É animado?
São os otimistas.

É orgulhoso?
São os arrogantes.

É brando?
São os mansos.

É vingativo?
São os odientos.

É tolerante?
São os indulgentes.

É irônico?
São os levianos.

É humilde?
São os simples.

Renove-se intimamente com os ensinamentos do Evangelho, a fim de que sua simpatia espiritual seja sempre do bem.

278

AJUDA ESPIRITUAL

Questões 515 a 521

Rogue ajuda espiritual, mas seja digno dela. Qualquer que seja o pedido, faça sua parte.

É paz?
Não agrida.

É saúde?
Não abuse.

É harmonia?
Não brigue.

É apoio?
Não se omita.

É estímulo?
Não desista.

É coragem?
Não recue.

É consolo?
Não descreia.

É trabalho?
Não fuja.

É esperança?
Não esmoreça.

É sensatez?
Não disfarce.

É firmeza?
Não vacile.

É paciência?
Não grite.

É proteção?
Não duvide.

⁂

Peça o auxílio do Alto para seguir o caminho do bem, mas entenda que caminhar é iniciativa sua.

279
Pressentimentos

Questões 522 a 524

Perceba nos próprios pensamentos os avisos do Alto.

        Trânsito?
        Tenha calma.
        Não se descuide.
        Evite o acidente.

        Estrada?
        Tenha prudência.
        Não exagere.
        Evite o desastre.

        Mesa?
        Tenha controle.
        Não abuse.
        Evite o transtorno.

Conversa?
Tenha bom senso.
Não discuta.
Evite a discórdia.

Visita?
Tenha educação.
Não se exceda.
Evite a intriga.

Convivência?
Tenha sensatez.
Não agrida.
Evite o mal-estar.

Provação?
Tenha paciência.
Não se exalte.
Evite a revolta.

Sentimento?
Tenha equilíbrio.
Não se imponha.
Evite a posse.

ઠ&

 Ouça os conselhos do mundo espiritual na voz da consciência. Pressentimento? Tenha atenção. Não vacile. Evite a dúvida.

280
SINTONIA

Questões 525 a 530

Analise como você reage em diversas situações.

Caminha pela rua.
Sofre o assalto.
Liga-se à revolta.
E acende o conflito.

Encontra o doente.
Ouve a queixa.
Liga-se à piedade.
E dá-lhe o socorro.

Entra no ônibus.
É empurrado.
Liga-se à raiva.
E passa a discutir.

Vai à festa.
Acontece a briga.
Liga-se à calma.
E pacifica o meio.

Dirige o carro.
Põe velocidade.
Liga-se à insensatez.
E provoca o desastre.

Chega ao cruzamento.
Vê o deficiente.
Liga-se à fraternidade.
E ajuda-o na travessia.

Decide a viagem.
A condução atrasa.
Liga-se à impaciência.
E inicia a confusão.

Está na assistência.
Observa a miséria.
Liga-se à caridade.
E ajuda o próximo.

❧

 Você está ligado ao mundo espiritual através dos fios da sintonia. A influência dos Espíritos, boa ou má, sempre existe e aceitá-la, ou não, é decisão sua.

281
PERSEGUIÇÃO ESPIRITUAL

Questão 531

Recorde sem mágoa os desafetos que partiram para o mundo espiritual e elimine da memória as causas da discórdia.

Calúnia
ou intriga?
Releve.

Falsidade
ou hipocrisia?
Não pense.

Ofensa
ou tortura?
Esqueça.

Agressão
ou mentira?
Não lembre.

Abandono
ou desprezo?
Perdoe.

Traição
ou perfídia?
Não se aflija.

Tocaia
ou golpe?
Olvide.

Falsificação
ou sequestro?
Não sofra.

Trama
ou roubo?
Desculpe.

Fraude
ou extorsão?
Não padeça.

૨**૨**

Evite referências desagradáveis aos Espíritos ainda mergulhados no clima de ódio e vingança, oferecendo-lhes o benefício da oração e da paz, na certeza de que sua misericórdia para com eles agora será, mais adiante, a misericórdia deles para com você.

282
SOLUÇÃO POSSÍVEL

Questão 532

Seja você mesmo instrumento do socorro espiritual em seu favor.

🙢

Doença grave?
É teste.
Trate-se.

Parente ingrato?
É prova.
Tolere.

Filho rebelde?
É resgate.
Acolha.

Trabalho árduo?
É disciplina.
Aceite.

Vida difícil?
É escola.
Aprenda.

Conflito íntimo?
É aviso.
Pense.

Decepção afetiva?
É aprendizado.
Aproveite.

Fracasso repetido?
É advertência.
Analise.

ॐ

    Rogue ao Alto o auxílio dos Espíritos, mas entenda que a situação desagradável, que lhe parece o mal nos dias de hoje, é a solução possível a seus deslizes em épocas passadas.

283
RIQUEZA MATERIAL

Questão 533

Viva de tal forma que a influência da riqueza material em você

alimente a caridade
e não o egoísmo,

leve ao bem comum
e não à avareza,

reforce a modéstia
e não a vaidade,

sirva à simplicidade
e não ao orgulho,

estimule o amor
e não o desprezo,

exalte a fraternidade
e não a prepotência,

sustente a bondade
e não a indiferença,

fortaleça o altruísmo
e não a mesquinhez,

incremente a virtude
e não o vício,

conduza ao progresso
e não apenas ao prazer.

ತಿ

Use o bom senso no trato com a riqueza material, a fim de que, ao possuí-la, você também não seja possuído por ela.

284
INSUCESSO

Questão 534

Não culpe o mundo espiritual pelo insucesso. Pergunte a si próprio se sua conduta é certa.

Casamento infeliz.
Analise seu proceder.
É correto?

Convivência difícil.
Observe o que faz.
É tolerante?

Amizade trincada.
Veja sua atitude.
É leal?

Cargo a perigo.
Examine sua ação.
É confiável?

Derrota no pleito.
Anote seu esforço.
É suficiente?

Fracasso na profissão.
Avalie a si mesmo.
É capaz?

Perda do emprego.
Olhe seu preparo.
É adequado?

Saúde abalada.
Verifique o motivo.
É abuso?

Aluno reprovado.
Considere o estudo.
É disciplinado?

Acidente no trânsito.
Investigue a causa.
É imprudência?

❧

Ainda que, vez por outra, os Espíritos possam influir em seus atos, tenha a certeza de que o insucesso é sempre consequência da má influência que você aceita ou do caminho errado que escolhe.

285

GRATIDÃO

Questão 535

Ainda que o caminho seja difícil, você tem instantes de alegria.

No esporte.
Vence a disputa.
E vibra.

Na vida social.
Conhece alguém.
E sorri.

No trabalho.
Ganha promoção.
E se rejubila.

Na convivência.
Tem o amigo.
E se alegra.

Na escola.
É aprovado.
E se contenta.

Na estrada.
Evita o acidente.
E se alivia.

Na doença.
Acusa melhora.
E se satisfaz.

No casamento.
Nasce o filho.
E se extasia.

No concurso.
Recebe elogio.
E se regozija.

Na família.
Reúne parentes.
E confraterniza.

ಜ

É claro que você sempre pede a ajuda do Alto no momento difícil. Contudo, não seja ingrato e lembre-se também de agradecer a Deus as horas de felicidade.

286

NATUREZA

Questões 536 a 539

Você atua na Natureza a todo momento.

Derruba o mato.
Fica o descampado.
Perturba o ecossistema.

Faz o reflorestamento.
Traz o verde de volta.
Altera a umidade.

Drena o pântano.
Planta nele.
Muda a paisagem.

Usa os minerais.
Mistura os elementos.
Recupera o chão.

Utiliza o adubo.
Coloca na terra.
Melhora a qualidade.

Tira a mata ciliar.
Destrói as margens.
Prejudica o rio.

Abusa do combate.
Deixa o tóxico.
Ataca a fauna.

Despeja dejetos.
Envenena mananciais.
Provoca o desastre.

Queima o campo.
Expulsa animais.
Esgota o ambiente.

Enfumaça o ar.
Intoxica o espaço.
Agride o clima.

୨୧

Se você é capaz de interferir no mundo natural, não tenha dúvida de que os Espíritos, em nome de Deus, atuam nos fenômenos da Natureza, quase sempre para recuperar o equilíbrio da vida que suas ações muitas vezes ajudam a danificar.

287
Equilíbrio da vida

Questão 540

Observe o que acontece à sua volta.

⁂

Abelhas voam longe.
Visitam flores diversas.
Mobilizam o pólen.
Alimentam-se dele.
Polinizam outras flores.
Favorecem a fecundação.
Agem instintivamente.
E ajudam a Natureza.

Pássaros viajam distâncias.
Pousam em muitas árvores.
Procuram o que comer.
Consomem frutos variados.

Transportam as sementes.
Semeiam plantas alhures.
Agem instintivamente.
E auxiliam a Natureza.

Minhocas vivem no solo.
Enterram-se fundo.
Abrigam-se da luz.
Nutrem outros animais.
Morrem no terreno.
Fertilizam a terra.
Agem instintivamente.
E cooperam com a Natureza.

Lagartixas existem.
Beiram a claridade.
Percorrem os ambientes.
Lutam para sobreviver.
Capturam borboletas.
Eliminam insetos.
Agem instintivamente.
E equilibram a Natureza.

❧

Assim como, na esfera física, formas inferiores de existência atuam no mundo natural com o conhecimento e apoio de ambientalistas, também, na dimensão maior, Espíritos em fases primitivas de evolução agem nos fenômenos naturais com a supervisão de Entidades superiores, de tal forma que, sob as bênçãos de Deus, tudo se encadeia na Natureza para o equilíbrio da vida.

288
CONFLITOS DIÁRIOS

Questões 541 e 542

Os Espíritos também estão presentes nos conflitos diários.

Briga?
Uns apoiam.
Outros reprovam.

Tortura?
Uns estimulam.
Outros evitam.

Sequestro?
Uns incitam.
Outros impedem.

Assalto?
Uns ajudam.
Outros se opõem.

Corrupção?
Uns encorajam.
Outros censuram.

Violência?
Uns excitam.
Outros acalmam.

Crime?
Uns instigam.
Outros tolhem.

Discórdia?
Uns favorecem.
Outros pacificam.

Vício?
Uns alimentam.
Outros rejeitam.

Tiroteio?
Uns aplaudem.
Outros lamentam.

Veja qual é a sua sintonia com o mundo espiritual nos combates do cotidiano. Se você conhece o Evangelho e está com Jesus, não tenha dúvida de que seu lado é o do bem.

289
INFLUÊNCIA SUTIL

Questões 543 a 545

Perceba como você age nas diversas circunstâncias da vida.

Na família:
dedicação
ou indiferença?

No casamento:
fidelidade
ou estroinice?

Na profissão:
exercício
ou abandono?

No trabalho:
disciplina
ou negligência?

Na saúde:
cuidado
ou abuso?

No convívio:
lealdade
ou desconfiança?

No grupo:
amizade
ou competição?

Na fé:
convicção
ou oportunismo?

No comando:
autoridade
ou prepotência?

Na conversa:
sensatez
ou intriga?

೭ಃ

Fique atento à influência sutil do mundo espiritual em seus pensamentos e não se afaste do território do bem, a fim de que você decida sempre em sintonia com os bons Espíritos.

290
SILÊNCIO

Questões 546 e 547

O interesse material é campo de batalha, onde muitos competidores deixam o corpo físico com sentimentos negativos.

ಠ

Com ódio
e se vingam.

Com inveja
e não aceitam.

Com ciúme
e se revoltam.

Com aflição
e não suportam.

Com raiva
e perseguem.

Com melindre
e não relevam.

Com aversão
e agridem.

Com mágoa
e não perdoam.

Com despeito
e hostilizam.

Com rebeldia
e não sossegam.

&

Tenha, pois, toda a prudência perante aqueles que partiram para o mundo espiritual com emoções contrárias a você, na certeza de que a atitude mais sensata diante deles é o sentimento do bem e a caridade do silêncio.

291
DESPERTAR

Questão 548

Se você ainda tem

o ódio que persegue
e a inveja que destrói,

o ciúme que atormenta
e o egoísmo que nega,

o orgulho que humilha
e a raiva que oprime,

a vaidade que se mostra
e a revolta que tortura,

a agressão que machuca
e a violência que aflige,

a mentira que desorienta
e o cinismo que ironiza,

a mesquinhez que apequena
e a hipocrisia que disfarça,

a esperteza que engana
e a corrupção que avilta,

a perfídia que transtorna
e a insensatez que trai,

a indiferença que anestesia
e o fanatismo que exalta,

se essas emoções infelizes ainda lhe habitam o coração, tenha a certeza de que, embora você viva com facilidade, seu despertar após a morte será bem difícil.

292
Pactos

Questão 549

A ideia do mal atrai Espíritos malfazejos. É apelo que tem resposta.

ಌ

Raiva?
Tem companhia.

Violência?
Tem auxiliar.

Trapaça?
Tem parceiro.

Delito?
Tem comparsa.

Vício?
: Tem incentivo.

Perturbação?
: Tem ajuda.

Calúnia?
: Tem cúmplice.

Cólera?
: Tem presença.

Intriga?
: Tem aliado.

Traição?
: Tem estímulo.

Torpeza?
: Tem apoio.

Discórdia?
: Tem cooperação.

☙

Cuidado, pois, com pensamentos e intenções durante a vida física, na certeza de que, embora não existam pactos com Espíritos inferiores, eles esperam de você retribuição pelo apoio à prática do mal.

293
Favores materiais

Questão 550

Resolva com equilíbrio e correção seus problemas materiais.

🙞

Dinheiro?
É preciso.
Mas com trabalho honesto.

Herança?
É possível.
Mas conforme a lei humana.

Riqueza?
Pode existir.
Mas com atividade digna.

Emprego?
É viável.
Mas com esforço próprio.

Viagem?
É necessária.
Mas no limite dos recursos.

Promoção?
É alcançável.
Mas por mérito pessoal.

Loteria?
Ocorre ganhar.
Mas nem sempre para o bem.

Namorada?
Pode ser sua.
Mas sem meios impróprios.

ಎ

Não recorra ao mundo espiritual para favores materiais, pois a ligação com Espíritos inferiores, para obter vantagens na vida física, leva a sofrimentos futuros e atraso na evolução, a não ser que você acorde para a realidade das leis divinas e, com a ajuda do Alto, liberte-se definitivamente da dependência nociva.

294
DEUS NÃO PERMITE

Questão 551

Delito?
Deus não consente,
mas você comete.

Violência?
Deus não admite,
mas você provoca.

Agressão?
Deus não quer,
mas você estimula.

Revolta?
Deus não deseja,
mas você instiga.

Mentira?
Deus não aprova,
mas você inventa.

Intriga?
Deus não ajuda,
mas você faz.

Calúnia?
Deus não apoia,
mas você trama.

Boato?
Deus não aceita,
mas você espalha.

Doença?
Deus não manda,
mas você procura.

Ódio?
Deus não favorece,
mas você cultiva.

ಬಿ

Deus não permite o mal em seu caminho, é você quem escolhe o caminho do mal.

No ano de 1963, **FRANCISCO CÂNDIDO XAVIER** ofereceu, a um grupo de voluntários, o entusiasmo e a tarefa de fundarem um Anuário Espírita. Nascia, então, o Instituto de Difusão Espírita - IDE, cujo nome e sigla foram também sugeridos por ele.

A partir daí, muitos títulos foram sendo editados e o Instituto de Difusão Espírita, entidade assistencial, sem fins lucrativos, mantém-se fiel à sua finalidade de divulgar a Doutrina Espírita através da IDE Editora, tendo como foco principal as Obras Básicas da Codificação, sempre a preços populares, além dos seus mais de 300 títulos em português e espanhol, muitos psicografados por Chico Xavier

O Instituto de Difusão Espírita conta também com outras frentes de trabalho, voltadas à assistência e promoção social, como o Albergue Noturno, evangelização, alfabetização, orientação para mães e gestantes, oficinas de enxovais para recém-nascidos, entrega de leite em pó, vestuário e cestas básicas, assistência médica, farmacêutica, odontológica, tudo gratuitamente.

Este e outros livros da **IDE Editora** subsidiam a manutenção do baixíssimo preço das **Obras Básicas, de Allan Kardec**, mais notadamente, "**O Evangelho Segundo o Espiritismo**", edição econômica.

O Livro dos Espíritos
Allan Kardec

Na forma de perguntas e respostas, os Espíritos explicaram tudo o que a Humanidade estava preparada para receber e compreender, esclarecendo-a quanto aos eternos enigmas de sabermos de onde viemos, por que aqui estamos, e para onde vamos, facilitando, assim, ao homem, a compreensão dos mais difíceis problemas que o envolvem.
Todas essas explicações estão contidas neste livro.
Allan Kardec, quando redigiu seus livros, escreveu para o povo, em linguagem simples, e, sendo esta uma tradução literal, a linguagem simples original ficou preservada.

www.ideeditora.com.br

Conheça mais sobre a Doutrina Espírita através das obras de **Allan Kardec**

www.ideeditora.com.br

OUTRAS OBRAS DO AUTOR ▶ ANTÔNIO BADUY FILHO

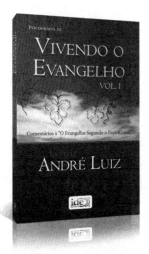 

Vivendo o Evangelho I   **Vivendo o Evangelho II**

Espírito **ANDRÉ LUIZ**

Importante trabalho do conceituado médium Antônio Baduy Filho que, desde 1969, vem psicografando mensagens do Espírito André Luiz, inclusive em sessões públicas na Comunhão Espírita Cristã, junto ao saudoso médium Chico Xavier.

As páginas que compõem esta obra, dividida nos volumes I e II, resultam de mensagens recebidas nos cultos evangélicos realizados no Sanatório Espírita José Dias Machado, de Ituiutaba, MG, onde o médium realiza trabalho voluntário como médico e diretor clínico.

Trata-se de um estudo, item por item, além do Prefácio e da Introdução, de todos os capítulos de O Evangelho Segundo o Espiritismo, através de preciosos e precisos comentários, do terceiro livro do Pentateuco Kardequiano.

Em ensinamentos claramente expostos pelo Espírito André Luiz, o leitor se sentirá agraciado com um verdadeiro guia para sua evolução a caminho da verdadeira felicidade.

Para o iniciante na Doutrina Espírita, vale lembrar que o Espírito André Luiz nos legou, através de Chico Xavier, notáveis informações sobre a vida no mais além, principalmente na série iniciada pela consagrada obra Nosso Lar, editada pela Federação Espírita Brasileira.

www.ideeditora.com.br

IDEEDITORA.COM.BR

✳

Acesse e cadastre-se para receber
informações sobre nossos lançamentos.

twitter.com/ideeditora
facebook.com/ide.editora
editorial@ideeditora.com.br

ide

IDE Editora é apenas um nome fantasia utilizado pelo INSTITUTO DE DIFUSÃO ESPÍRITA, entidade sem fins lucrativos, que promove extenso programa de assistência social, e que detém os direitos autorais desta obra.